CONFESIONES DE UNA
DIVA

La Divaza

La Divaza

Altea

El papel utilizado para la impresión de este libro ha sido fabricado a partir de madera
procedente de bosques y plantaciones gestionadas con los más altos estándares ambientales,
garantizando una explotación de los recursos sostenible con el medio ambiente y beneficiosa para las personas.

Penguin
Random House
Grupo Editorial

Confesiones de una Diva
La Divaza

Primera edición: junio, 2023

D. R. © 2023, Figueira Alvarez Pedro Luis Joao (la Divaza), 2023
TNG Management, S.A de C.V.

D. R. © 2023, derechos de edición mundiales en lengua castellana:
Penguin Random House Grupo Editorial, S. A. de C. V.
Blvd. Miguel de Cervantes Saavedra núm. 301, 1er piso,
colonia Granada, alcaldía Miguel Hidalgo, C. P. 11520,
Ciudad de México

penguinlibros.com

D. R. © 2023, José Gregório Santos Terrasi
D. R. © 2023, Samuel Betancourt & José Mata, por las fotografías de portada
Diseño y Maquetación: VIBO CREANDO

ISBN: 978-607-383-102-4

Impreso en México – Printed in Mexico

Índice

Prólogo
by La Jose

Este libro es para los soñadores: para aquellos con sueños tan grandes y que anhelan conseguirlos. Esta historia es sobre un niño que hizo los suyos realidad.

Puede ser que recién comiences, te sientas derrotado o fracasado o quizás estés volviendo a empezar, pero no temas a las aventuras, al contrario, lánzate con todo a ellas. Esto es lo que me ha enseñado Pedro en más de 10 años de amistad. Él es alguien que comenzó con su sueño desde cero, frente a una cámara de baja calidad empezó a hablar, yendo hacia adelante a medida que podía como si el lente fuera una sola persona, sabiendo que eventualmente esa cámara se convertiría en millones de ojos.

Un niño que inició este sueño desde su casa, en un país con pocas probabilidades y ahora escribió este libro para ustedes, y no se crean, cuando mi mejor amigo me dijo que estaba escribiendo este libro me asusté un poco porque ahora hay demasiados libros de youtubers. Pensé ¿realmente necesitamos uno más? Y no me malinterpreten, yo sé que Pedro quería escribir esta historia desde hace muchos años. Aún recuerdo esas noches en 2017 sentados a las 3:00 a.m. con un café soñando con poder publicar este libro y desgraciadamente, por motivos ajenos a nosotros el proyecto no voló. Pedro lloró mucho, se sintió muy triste durante un largo tiempo. Un proyecto que siempre soñó le fue arrebatado de sus manos, su vida escrita fue arrebatada de él. Pedro pasó meses desmoralizado, pero gracias a su perseverancia no se rindió y ahora tenemos esta pieza en nuestras manos.

La vida de La Divaza es así, es una historia de caídas y levantadas, de una persona que enfrentó muchos desafíos y obstáculos que podrían haber detenido a cualquier otra persona, pero Pedro siempre mantuvo su enfoque, dedicación y una fuerza que lo llevaron a lograr cosas extraordinarias. Él no es solamente un youtuber o un tiktoker: él es un movimiento que ha inspirado a muchísimas personas a perseguir sus sueños, siendo atrevido, diferente y rompiendo esquemas. La Divaza es aquella persona que me hubiese gustado ser de pequeño, aquel chico que se cayó y se levantó por él mismo, quien me enseñó que no importa de dónde vengas sino hacia dónde vas, y soy fiel creyente de que TODXS tenemos una Divaza por dentro. Yo mismo desearía haber tenido a una Divaza cuando estaba creciendo.

La vida se trata de averiguar quiénes somos, las decisiones que tomamos, grandes o pequeñas todas se combinan y nos construyen. Sin malas decisiones y caídas el triunfo no se sentiría tan grande.

Esta es una historia llena de corazones rotos, estrés, bullying, ansiedad y hasta confusión en algunos momentos, pero La Divaza, quien vivió su vida a través de un lente rosa y vio luz y optimismo en todas las situaciones, por más malas que fuesen, miró su realidad no como era, sino como debió ser. Algunas personas ven la vida de color gris, uno muy, muy oscuro y La Divaza ha llegado a la de muchos de nosotros para darle color y convertirla en un arcoíris gigante. Estoy orgulloso de llamarlo mi mejor amigo.

Introducción

¡Hola!

¿Cuál es el principio de mi historia? ¿Cuál quieres escuchar, el de Pedro Luis Joao o el de la Divaza? Yo diría que el de ambas, porque coexisten y se complementan. Toda diva tiene un origen, algunas nacen en la opulencia y conocen la fama y la buena vida desde que son carajitas; otras, yo diría que las que tienen vidas más interesantes, se construyen a sí mismas con pedacitos de brillo y toques de *glamour*, moldean su alma, su corazón y personalidad con sueños, y de repente salen a deslumbrar y abrirse paso para ser inolvidables. Tengo claro que una diva puede nacer y brillar desde siempre, pero también hacerse; ahora, si eres la combinación de ambas, entre diva por naturaleza y diva empoderada, te irá mucho mejor.

Sé que de mí pueden decir muchas cosas, y seguramente lo hacen, pero nadie conoce mejor mi historia que yo mismo, entonces decidí que este era el mejor momento para compartirla. Este soy yo, Pedro, pero también la Divaza. Esta es mi historia, que será tuya después de leer estas páginas, para que al final te digas que tú también puedes conquistar cualquier anhelo.

En cuanto descubres tu vocación divesca, todo cambia, es como un llamado. Pero ten en cuenta que ningún camino es sencillo, mucho menos con tantas cosas en contra. Imagina a una diva que nace en la década de los noventa, en medio de una situación política difícil para su país, en una familia que no se lleva muy bien y tiene opiniones un poco intolerantes sobre la diversidad. Desarrollar en estas condiciones un carácter introvertido sería impensable, ¿no crees?, pero sé que esto es posible, porque te estoy hablando de mí. Ahora piensa, ¿por qué desistir?, ¿por qué dejar de lado tus aspiraciones? ¿Únicamente porque alguien te dijo que no podías conseguir aquello que anhelas o que pusiste la brújula demasiado alto?, ¿acaso porque no cumples con los requisitos que la sociedad te impone? Pues comencemos por ahí, porque una diva como Madonna, Miley, Lady Gaga o Beyonce, llega al mundo a romper esquemas.

Mi historia es de superación, no hay quien me diga que no se puede, porque yo pude: afronté mis inseguridades, tomé lo que tenía a la mano para aprender a expresarme, pero también me inventé un mundo y una voz que me ayudaron a sacar mi verdadero yo. Todos podemos tener esa personalidad, ese caparazón o coraza que puede convertirse en la mejor herramienta para afrontar una realidad que no nos gusta, las desgracias, los momentos terribles, el miedo, la soledad. Todos tenemos una diva por dentro y solo es cuestión de darle una oportunidad para que nuestro universo y nuestro futuro cambien. Me encantaría que supieras todo lo que pasa por mi mente, desde lo más chiquito hasta las entrañas, el origen de este sueño y cómo se hizo realidad a través de la Divaza.

Antes de empezar quiero que sepas que no harás esto en soledad, ¡siempre estaré contigo! Por eso cada capítulo tiene un código QR para que puedas escuchar una *playlist* diseñada exclusivamente para acompañar tu lectura.

Iniciemos este viaje, el nacimiento de una diva...

CAPÍTULO 1

ESTE SOY YO

Cada persona está en el punto en que la conocemos, porque es producto de muchos momentos, de experiencias que la hicieron más fuerte a pesar de la vulnerabilidad, de retos, de miedos afrontados, de amor dado y recibido (aunque no siempre cuando más lo necesitaba o deseaba). Cada persona tiene su propia historia y si no nos damos la oportunidad de escucharla, no sabemos qué tanto puede servirnos para vernos reflejados en ella, aprender y ser felices. A unos nos inspiran nuestras artistas favoritas, a otros, la familia, los amigos; reunimos pedacitos de cada una de esas historias para armar la nuestra y hacerla única. Por eso quiero contarte la mía, puede que haya mucho de mí en ti: mis miedos, inseguridades, sueños, instantes hermosos y tristes, y algo de eso te sirva para comenzar a contar la tuya.

No puedo hablar de mí sin mencionar mi origen: soy Pedro Luis Joao y hace mucho tiempo vivía en Maracay, Venezuela, con mi familia. Ahí nací, crecí y comenzó esta historia. Tengo una familia pequeña, al principio solo éramos mi mamá, mi papá, mi hermana y yo; después llegaron mis dos sobrinas. Obviamente había tías y familia más extendida que tengo en mis recuerdos de la infancia, pero la verdad no las frecuentábamos mucho. Eso de las familias numerosas que se reúnen cada fin de semana y salen sobrinos y tíos por todas partes no aplicaba con nosotros, que veíamos a otras personas solo una vez al mes o cada dos meses; siempre fuimos solo mamá, papá, hermana y yo en la casa. Lo que sí cambiaba de vez en cuando era la mascota.

De chiquito fui un niño tímido, silencioso, quizá retraído, me encerraba en mi cuarto y mi mundo era la computadora; el internet me daba todo lo que creía necesitar del exterior. Nunca fui el más sociable, la verdad es que no me interesaba; claro que sucedían cosas fuera, participaba en actividades con otros, pero era muy raro, ni siquiera lo sentía relevante. La computadora era adonde yo siempre iba para sentirme seguro, para hablar con otras personas e interactuar de acuerdo con mis intereses. En mi familia había tanto caos que yo me encerraba en mi mundo y no sabía más nada de ellos; si se decían, si se hacían, si se reconciliaban, yo ni me enteraba, vivíamos juntos pero cada quien estaba en lo suyo.

Mi hermana Margaret me lleva doce años, por eso la relación con ella siempre ha sido complicada. No crecimos juntos a pesar de vivir en la misma casa, no tuvimos los mismos amigos, ni gustos, cada quien se movía por su lado; Margaret no era una persona a la que yo recurría si tenía un problema, porque ella tenía los suyos (y mi carácter tampoco me llevaba a buscar su consejo); simplemente no tuve el apego típico de los hermanos de la misma edad. Lo que sí es que nos peleábamos mucho, nos gritábamos, nos cerrábamos la puerta en la cara, cosas así, típicas de hermanos, pero ni tan típicas porque ella ya estaba grande cuando yo era un bebé, ¿no?, y andarse peleando con un niño chiquito, ja, ja, ja, en qué cabeza cabe. Mi computadora era la única que teníamos en la casa. Cuando mi mamá me la compró, yo le dije que la quería en mi cuarto porque no iba a estar en la sala, con todo mundo viendo lo que hacía, pasando por detrás de mí o escuchando lo que dijera; yo era muy reservado con mis vainas. Entonces todo el tiempo era una pelea por la computadora, nos jalábamos de los pelos, así, ¡maldita sea!, horrible.

Una diva puede ser retraída, aunque por lo regular nos gusta brillar.

En la casa el ambiente era bastante pesado, aunque cambiaba con frecuencia; no niego que pasamos muchos momentos de afecto entre nosotros, y también otros en los que la cosa se complicaba y no solo se ponía fea, sino horrible, comenzando porque hubo ocasiones en que mi papá le fue infiel a mi mamá; todos lo sabíamos y cada tanto reventaba la bomba, entonces mi hermana y yo nos encerrábamos en el cuarto y ella me tapaba los oídos o me entretenía jugando *game boy*, mientras mis papás se peleaban afuera. Por eso pienso que la de nosotros fue una relación de hermanos extraña, sí me cuidaba, pero no nos llevábamos tan bien. Cuando fui creciendo tuve más diferencias con ella, porque se metía en problemas y no sentaba cabeza, entonces esos conflictos nos arrastraban a los cuatro, y cuando parecía que las cosas se iban a calmar, otra vez se descomponían.

A los quince o dieciséis años, cuando empecé a ganar dinero con los videos de YouTube, Margaret me robó lo de las primeras campañas. Me pagaban en efectivo porque en Venezuela no podía tener cuenta en dólares, así que llegaba a la casa con el dinero y lo guardaba, y ella me lo robaba. Yo era adolescente y Margaret tenía casi treinta.

Hubo un momento tenso en la familia cuando mi hermana se casó sin decirle a mi mamá, que odiaba al novio porque era como de la corte malandra, pero mi hermana estaba encaprichadísima. No puedo decir que era la oveja negra de la familia porque sería estigmatizarla y tampoco era para tanto, locuras hacemos todas, pero casi por ahí: le iba muy mal en la escuela, terminó quinto año en una de esas escuelas donde te aseguran que terminas el nivel en dos meses. Ahorita ya está mejorando, le echa ganas, y tiene que hacerlo porque si no cómo le va a hacer con sus dos hijas.

Yo siento que todas las familias latinas son complicadas, y mientras más hablo de ellas con mis conocidos o conozco ejemplos, menos me cabe duda. Lo que sucedió en mi historia son cosas normales, o que más bien están normalizadas. Nuestros dramas van a existir siempre. A pesar de la situación en mi familia, yo considero que tuve una buena infancia, no me arrepiento ni niego lo que me tocó vivir, tampoco me hago la víctima por esto. Y también estoy agradecido porque si no fuera por el esfuerzo de mi familia, jamás habría tenido ni la computadora ni el primer iPod para grabar los videos (sí, ya sé que van a decir que qué es eso, pero mi carrera comenzó cuando todavía se grababa en iPod). Es un asunto de familias latinoamericanas. Yo pienso, por ejemplo, en quienes salen de Venezuela, pues lógicamente a ellos les va mejor y tienen la costumbre de ayudar, mandar dinero, hacerse cargo de lo que la familia que se quedó ahí no puede pagar; pero en familias de otros países y con costumbres diferentes, eso no sucede, cada quien anda por su lado y ya, no se ven, no se hablan y no existen. A pesar de que no estábamos en la mejor posición, toda mi vida estudié en colegios privados en Venezuela. Antes de que se sienta como que estoy presumiendo, no, nada que ver, cualquier colegio público de aquí de México es mucho mejor que uno privado de allá, entonces eso de la exclusividad solo es de nombre; imagínate cómo son los demás. El mío no era el mejor de la ciudad, pero de mi zona era de los mejorcitos, y a mí me daba igual, de todos modos, era matadito y siempre sobresalí por tener las mejores calificaciones, porque ser buen estudiante también era una especie de armadura.

Volviendo al tema, yo siento que la computadora me salvó la vida, construí mi universo a partir de la soledad, pero era bastante libre. A partir de eso aprendí muchas cosas, desde tener aspiraciones, conocer YouTube, a varios *youtubers*, ampliar mi panorama, leer sobre el mundo y sus problemas; me capacité de manera autodidacta, aprendí a editar, vi una oportunidad y la tomé. Fueron cantidad de cosas que de una forma u otra tienen que ver con el entorno y la situación familiar, porque si la mía hubiera sido una historia rosa desde el principio, yo no tendría la realidad de ahora.

A diferencia de otras personas y sus familias, nunca vi el amor de mis padres como todo mundo dice que deberían amarse los esposos, ese amor que te pintan como de fantasía, tipo Disney. Bueno, pero con ellos la realidad era muy extrema, desde que tengo memoria se llevaban mal. Permanecían juntos como esposos, pero llegó un momento en el que mi mamá no soportaba más estar con él y se cambió al cuarto de servicio de la casa, y con justa razón, porque mi papá tampoco era el esposo ejemplar. No arreglaban sus problemas —porque eran demasiados—, simplemente se toleraban y ya, pero amor de pareja, yo siento que no se tenían.

Ellos a la fecha siguen casados. Mi mamá siempre se queja de mi papá, que es esto y lo otro, le monta cachos, pero yo no entiendo por qué sigue ahí. Cuando era niño me decía que hasta que yo cumpliera dieciocho se iba a divorciar, para que yo viviera mi infancia con mi figura paterna (risas incómodas, ya sé que parece chiste a estas alturas de la vida leer esto, pero es que mi vida a veces se ve igual que una telenovela). No sé qué fue peor para ella, porque yo cumplí dieciocho, hasta me fui del país, y ella sigue casada. En realidad, esa idea tonta de que los padres deben permanecer juntos aunque se lleven del carajo "solo por los hijos" es el verdadero daño que les heredan en vida, no que se divorcien.

Y ahora quiero ir poco hacia atrás porque he hablado mucho acerca de las carencias por las que pasábamos, que no eran tan marcadas como las de otras personas. En realidad, nunca estuvimos tan mal económicamente, al menos no como muchos se imaginan; simplemente si lo comparamos con el confort que se vive en otros lugares, claro que es distinto. Cuando yo era niño mi papá tenía una fábrica de velas, y en Venezuela todo lo que tiene que ver con el petróleo te garantiza un buen ingreso porque es EL negocio, pero después de una tramoya enorme y un incendio provocado por otras personas para destruir la fábrica, cobrar el seguro y que sacaran a mi papá de la empresa, eso se vino abajo. Mi papá tiene un carácter difícil, no es muy listo con sus decisiones sobre inversiones y tiene problemas de ludopatía, así que en conjunto eso hizo que perdiera el patrimonio de la familia, no solo con ese negocio, sino con cada oportunidad que le cayera en las manos.

Es como la historia de una diva desheredada, pero se pone mejor.

Yo nunca convivía con mis tíos porque siempre había problemas en la familia. Mi abuelo le dejó esa empresa a mi papá y a sus hermanos, y lo que más recuerdo son los pleitos para ver quién se la quedaría, dramas horribles, al grado de que una vez lanzaron a mi papá por las escaleras. Entonces, con familiares así, ¿quién quiere convivir? Por eso mi apego es con mi familia nuclear y uno que otro saludo a los demás, pero desde chico quería estar lejos de esa toxicidad. Siempre vi cómo por esas malas decisiones de mi papá nosotros teníamos cada vez menos cosas, se juntaban nuestros problemas en casa con la mala situación del país, de modo que un problema económico que cualquier persona podría resolver en otro contexto, para nosotros era un hoyo del que no podíamos salir.

Sé que ninguna familia es perfecta, pero la mía de verdad que se pasaba con problemas aquí y allá. Sin embargo, y a pesar de que mi papá y mi mamá se llevaban tan mal y vivían a los gritos, yo encontré mi herramienta de supervivencia en mi computadora. Ellos me dieron teléfono celular siendo chico e internet todo el tiempo, ese tipo de cosas materiales y de difícil acceso cuando el país estaba de cabeza, que fueron el principio para conocer el universo de las redes sociales y perfilar mis gustos por el mundo digital. Comprendo que por ser mayores y ver cómo todo se iba al carajo económicamente, hubo cosas que no supieron manejar, y para bien o mal esos errores también me sirvieron de ejemplo para notar qué no me gustaría repetir y seguir haciendo las cosas como hasta ahora. Quiero conservar en la mente que la familia está unida, a pesar de que nos decimos y nos gritamos, pero al final el amor se mantiene; yo siempre para ellos y ellos para mí.

La historia de Pedro y la Divaza proviene de este contexto, uno que podría resultar muy raro, pero pienso que es bastante normal de acuerdo con nuestra realidad latinoamericana. Algunos se sentirán identificados, otros creerán que exagero, pero como dije al inicio: una diva no siempre nace en un palacio ni conoce la opulencia desde chica, a una diva pueden tocarle cosas como estas y aun así sacar su brillo interno en el momento y con los medios menos esperados. Si yo hubiera aceptado los no cuando me los decían, mi historia sería otra, una muy desdichada, pero rendirme jamás estuvo (ni está) dentro de mis planes. Me ha costado muchísimo pasar al siguiente nivel y mantenerme, no podría echar a perder todo mi esfuerzo por miedo, porque el miedo siempre va a existir, la inseguridad también, pero si pude con ellos desde chico, ahora no serán más que baches que después me darán risa.

Como ves, vengo de una familia igual que muchas, que puede parecerse a la tuya, donde un día nos agarramos a los gritos y al siguiente no nos hablamos, pero al final estamos ahí para lo que sea necesario. Es hasta que vemos el lado b en la vida de alguien que admiramos, que nos damos cuenta de que no es de otro planeta, que ha luchado todos los días, ha tenido oportunidades que ha aprovechado muy bien y también se ha equivocado. Todos somos simples mortales, lo que nos hace diferentes es la manera en que le damos la cara al destino. Por eso es importante oír y leer la historia de cada uno, tenemos más cosas en común de las que nos imaginamos. Estoy segura de que si piensas en la Divaza no te crees lo que te estoy contando, pero no te detengas, porque esta historia se pone mejor.

CAPÍTULO 2

EL NACIMIENTO DE UNA DIVA

¿Qué se te viene a la mente cuando piensas en tus artistas favoritas? Cuando las ves cantando, bailando y actuando frente a miles de personas, perfectas e inalcanzables. Te apuesto a que te imaginas lo mismo que yo cuando las veía y repetía su música hasta hartar a mi familia: ellas eran la imagen de la perfección y yo una chama imperfecta que las admiraba. Déjame decirte que, a pesar de sentirme muchas veces inseguro, nada de eso me detuvo y hoy soy una persona distinta, pero con la misma esencia. Quiero compartirte más de mi camino, porque las divas nacen, pero también se hacen; somos una *obra de arte*.

En mi vida siempre he sido una persona muy tímida. Desde chiquito era el típico niño que nunca hablaba, no me acercaba a jugar, ni quería llamar la atención, porque me daba mucha pena. Incluso ahora, en reuniones y con personas a quienes no conozco, soy tímido —no es que esté gritando todo el tiempo, como la gente se imagina.

Tampoco veo a la Divaza como una vaina muy distinta o que seamos blanco y negro y tenga que invocarla y convertirme en ella de cero a cien, con gritos y manoteos, ja, ja, ja, para nada. Lo explico así: si estoy en una fiesta o en cualquier evento y de repente debo subir una historia, lo hago como la Divaza y los demás me dicen que me transformo. Siento que la Divaza es como una parte de mí, obviamente la tengo en el cerebro, porque yo la inventé, llevamos años conviviendo en el mismo cuerpo, pero es mi personaje, tiene vida en cuanto yo quiera dársela. Lo que noto más es el cambio en la voz, pero las personas me dicen que me cambia hasta la cara, la expresión corporal. ¿Será así? No lo sé, yo se lo atribuyo a que soy géminis, me muevo en la dualidad.

Es que somos el yin y el yang, y eso de que tú me dejas ser solo si así lo quieres, pues no. Como dicen las filósofas: Primero diva, luego existo. Y yo, chama, siempre estoy presente.

El nacimiento de la Divaza está bastante unido a la configuración de mi personalidad y cómo llegué a comprender quién soy. Comencemos por el nombre: la historia real que siempre cuento es que en el juego de Habbo había muchos españoles y ellos ahí le ponían terminación –za a varias cosas: plan: planazo; fiesta: fiestaza; por ejemplo, y ese fue el origen de la palabra, como para darle más identidad al personaje y unirla de cierta manera a las artistas que he admirado desde chica. Habbo era una comunidad a la que entré a los nueve o diez años y tenía de todo: veía los *teams* que se armaban, sus peleas, insultos, la xenofobia entre usuarios, lo peor de todo mundo, pero ahí estaba pegado a la pantalla toda la tarde.

En Habbo constantemente había retos para ganar placas de exclusividad, eso te ponía muy por encima de cualquier usuario normal, y a mí me entusiasmaba tenerlas para demostrar que era muy arrecha y que así me respetaran. Mi nombre en el juego era Cirkut, porque el nombre de la Divaza no estaba disponible. Ahí precisamente fue que conocí a la Jose, mi mejor amigo, que ya era famoso porque pertenecía a una generación más vieja de famosos; después nos popularizamos otros, yo por medio de mis videos, porque ya editaba para ganar popularidad y tener mis insignias. Dependiendo de dónde te encontraras en el juego, el círculo de conocidos se reducía un poco y uno ya sabía cómo interactuar o qué esperar de los demás.

En toda red social sucede lo mismo, es algo así como un proceso; no es que quienes son famosos ahora lo vayan a ser siempre, solo acuérdate de a quiénes seguías hace años en YouTube, Snapchat, ¡Facebook!, y los blogs y a quiénes sigues en Instagram y TikTok; son generaciones y cada una tiene a sus exponentes. En Habbo uno luchaba por tener insignias y ser visible; en Instagram y TikTok, es por los millones de seguidores, lo mismo que en YouTube con los millones de reproducciones. En esa comunidad aprendí a desarrollar mis estrategias para ser versátil con el contenido, Habbo fue mi entrenamiento para lidiar con la fama y con el *hate* que vendrían después. La Divaza surgió de esa primera experiencia, de las cosas que me gustaban de niño y quería compartir. Por ejemplo, veía videos de muchos *youtubers* que la estaban *rompiendo* en Latinoamérica, había muy pocos *youtubers* gays, que si Juan Pablo Jaramillo y ya, de los más conocidos. Fíjate cómo ha cambiado la visibilidad y qué tan importante es, porque eso no tiene tantos años, y de ahí a la fecha, las redes sociales han sido un medio de expresión accesible para TODOS, y TODEEES —con mayúsculas— hemos tenido visibilidad y hecho comunidad entre creadores y seguidores para mostrar nuestra identidad sin restricciones.

La Divaza también fue resultado de las series que veía, la música que escuchaba, lo que me llamaba la atención y sentía que quería compartir, pero no con la voz ni la personalidad de Pedro, que en la vida real seguía siendo el niño retraído y tímido de lentes. Desde chiquito era muy fan de las series de Disney, siendo un niño m@r!qu!t@, eso era lo que me gustaba ver. Me sentía más identificado viendo a Ashley Tisdale llegando a Nueva York, que las películas de Marvel o las caricaturas de humor ácido de Cartoon Network y Nickelodeon, que les gustaban a los niños de mi edad, pero a mí no me decían nada. En la pubertad me encantaba ver dramas de adolescentes, principalmente *Hannah Montana*. Eso quizá de modo inconsciente estuvo al principio en la Divaza, porque había una dualidad de personajes: Miley se transformaba para dejar salir la otra parte importante que vivía en ella. También era muy fan de *High School Musical* y conocía las carreras de Vanessa Hudgens y Zac Efron, Demi Lovato, Selena Gomez, y amaba a Justin Bieber. Ellos eran, para mí, la parte bonita del pop, porque quién no aspira a ese amor juvenil que nos mostraba el internet.

Con *Victorius* me sentía identificada porque se trataba de cómo llegar a la fama y desenvolverte en el estrellato, que era lo que de una forma u otra yo intentaba hacer todos los días desde Habbo. Me gustaba *iCarly* porque se trataba de hacer un *show* virtual y yo ya estaba metidísimo en redes sociales. Pero de ese tipo, mi serie favorita era *Glee*. Recuerdo que me sorprendió porque fue la primera serie juvenil en la que yo veía en televisión a una pareja abiertamente LGBTQ+, sin morbo ni burla. Eso se veía en otro tipo de programas, digamos que más de adultos, pero el impacto que tuvo en mí siendo adolescente me ayudó a entender lo importante que es la visibilidad de todos. Veía el amor en una pareja del mismo sexo y eso era lo que yo anhelaba a futuro, que no se les ridiculizara, sino que se viera el proceso de enamoramiento, sus conflictos, cómo los abordaban, y todo dentro de una historia mayor donde convivían en la escuela y se enfrentaban a los problemas de la vida real.

Creo que es importante hablar de esto, porque cada uno de nosotros es resultado de lo que consume y esto influye en su vida. En mi caso, fue el internet, la cultura pop, el cine, la televisión, la música; eso moldeó, por así decirlo, mi personalidad. Y a la vez, como no eran los gustos convencionales de un adolescente —que si el futbol y los superhéroes—, yo no hablaba abiertamente de que me gustaran tanto, pero necesitaba hacerlo, y eso fue posible solo a través de la Divaza. Siento que tomé de esas series el espíritu aspiracional, pero en el mejor de los sentidos: el de superarme. Si yo veía en pantalla que equis personaje hacía sus videos solo, los editaba, los subía a internet porque tenía el plan de volverse famoso, ¿qué me impedía a mí hacer lo mismo? Obviamente nada... y lo hice.

El nacimiento de la Divaza se dio en una época en la que las redes sociales apuntaban a que irían más allá, pero los blogs seguían siendo muy populares, lo eran en Latinoamérica y mucho más en Estados Unidos. Yo leía blogs todo el tiempo, sobre todo de tecnología. Siempre fui un niño que se metía en eso, aspiraba a tener lo último en iPhone y anhelaba un equipo profesional de computadoras y video, pero no eran accesibles para todos en Venezuela. Cualquier tema de interés ya tenía un foro donde se discutía, pero en la vida real yo no podía hablar con cualquiera de eso; sin embargo, a través de la pantalla y con acceso a esa información, comencé a comprenderme a mí mismo. Leía todo lo que podía sobre LGBTQ+, la identidad de género, las orientaciones, trataba de analizar qué pasaba conmigo. Sin eso, sin las series y sin mi mejor amigo me hubiera costado más asimilarme y entender quién soy. Con él en el juego hacíamos *watch parties* sobre los episodios de las series que veíamos. Desde hace mucho el formato ya estaba, al menos para adolescentes como nosotros, que es lo que ahora hace *Heartstopper* con mucha más orientación y proyección.

Yo siempre vi mi vida dividida en dos mundos: el real, con mi familia, la escuela, la situación del país; y el virtual, con mis redes sociales, mis amigos, los retos. A esa edad empecé a grabar mis videos para el canal de YouTube, porque antes grababa los de otras plataformas, como Habbo, pero me cerraron la cuenta y me robaron todo el contenido, así que por seguridad me pasé a YouTube (y no me arrepiento). Desde chiquito estaba acostumbrado a que me notaran por ser el niño que nunca hablaba, y de repente ya estaba haciendo videos, gritando —como el primero que subí a YouTube—, era totalmente otra persona. Que si "Cómo ser Divaza", "Diario de una Divaza frustrada", "Divaza consejera", cosas así, que en mi vida diaria y real no iban a suceder. En ese momento era muy raro para la gente ver a un niño hacer eso y hablar así, decían: "Mira, a la Divaza le hacen los videos". Apenas tenía dos mil suscriptores pero ya me conocían en Venezuela, entonces el cambio de verme en la escuela con unos lentes grandes, siempre callado y en mi mundo, y luego en los videos, pues era motivo de burla. Habbo me ayudó de cierta forma a darme a conocer y hacerme popular, me ayudó a normalizar que me preguntaran si era yo el de los videos o que me pidieran una foto, pero también que trataran de *bullearme* por eso. Hoy las burlas me dan risa, la verdad; siento que, si sobrevives a una adolescencia como la mía, con tantas cosas en contra, puedes sobrevivir a más, aunque no se trata de aguantarse, simplemente de aprender a tomar las cosas de quienes vienen. En el mundo virtual es muy fácil convertirte en *troll*

y hacerle la vida de cuadritos a alguien, porque estás detrás de una pantalla y te sientes seguro, por ponerle una palabra, pero honestamente es muy cansado y lo mejor es dejar que todo ese *hate* te pase de lado.

Las plataformas fueron un pretexto, sí, pero yo ya habitaba ese cuerpo, únicamente era cuestión de salir a conocer el mundo. Y se logró.

Yo veo mi inicio en las redes sociales y el principio de mi carrera como una historia de superación, y no exagero, porque cada persona vive una realidad diferente. En el colegio, cada niño tiene sus propios problemas en casa y la escuela es un lugar hostil, donde cualquiera puede pisotearte únicamente por ser diferente. Hay tantos niños y niñas retraídos cuyo mundo gira en torno a las redes sociales y el internet, y reciben burlas de todo mundo solo porque sí. No fue mi caso. Si bien hubo burlas de vez en cuando, yo me sentía blindado porque ni siquiera volteaba a verlos, ya tenía mi válvula de escape en la computadora, pero no todos los adolescentes tienen esa suerte o esas herramientas.

Debo confesar que mi realidad no me gustaba, no estaba conforme con ella, y eso también le dio impulso a mi sueño, que se basaba en mis gustos en música y televisión. Pienso que no tiene nada de malo reconocer que nuestro entorno no nos es familiar e intentar movernos de ahí. Yo lo hice y en ningún momento he dejado de querer a mi familia ni los he olvidado, pero en lo que concierne a mi vida profesional y privada, estoy donde quiero estar y no me imagino haberme quedado en una situación y un entorno de los que no me sentía parte. Esto puede ser algo delicado o sensible para ciertas personas que creen que debemos permanecer siempre en lo mismo, pero solo tú eres dueño de tu destino y tienes la capacidad de tomar las decisiones que te llevarán al lugar donde te sientas mejor.

Mis primeros videos, que siguen en YouTube, los grabé como pude, con nervios, pero con mucho entusiasmo. Aprendí a editar mejor, a hacer atractivo y versátil el contenido, a ponerle mi toque de autenticidad para que no fuera un video más hablando de lo mismo, y poco a poco creé la identidad de la Divaza, que ya estaba ahí, como una piedra en bruto de la que yo quería sacar un diamante para hacer la mejor joya. Hasta el día de hoy ha sido un proceso largo que se alimenta de experiencias buenas y malas, porque nada es estático, y mi personaje ha crecido conmigo en estos casi diez años desde que llegó a *romperla*.

No me da pena contarte todo esto, no para ponerme en el papel de la pobrecita chama que salió adelante a pesar de tener todo en contra (sin ser soberbia, igual hubiera salido adelante dedicándome a otra cosa, porque como ya te dije, lista en la escuela sí era), sino para que veas que en estos años he tenido sueños, los he puesto en práctica de manera inteligente y he conquistado cada uno de mis propósitos. Yo me la creí, chama, no tiene nada de malo creérsela, no vas a ser una insoportable por tener eso en mente y apuntar hacia allá. En esta vida a nadie se le prohíbe soñar, más bien somos nosotras quienes a veces nos ponemos esas trabas. Te voy compartiendo todo de mí, porque quizá tú y yo nos parecemos más de lo que te imaginas, y lo que aprendí en este camino puede ser tu primer aprendizaje.

CAPÍTULO 3

CONOCE A LA DIVAZA

Por fiiin tengo el micrófono! Y es momento de que me escuches, me leas, sepas por mí y por mis propias letras quién soy y por qué la vida te trajo hasta aquí conmigo. Para empezar, ¿qué es una diva? Porque hemos hablado de que si esto del *glamour*, que si lo otro de ser única e irrepetible, que si la más arrecha, todo es cierto, pero una diva es: Divertida, Inteligente, Venezolana y Apoteósica.

Eso, multiplicado por mil, es la Divaza.

Una diva del cine, la música, el teatro, la moda, de todo lo que te puedas imaginar, siempre escribe sus memorias porque tiene que dejar un registro de quién es, cómo fueron sus inicios y por qué está en la cima. Cada diva ha trazado su propio camino y construyó una historia digna de contar. En estas páginas conocerás la mía y te prepararé para sacar a la diva que llevas dentro. Estamos juntas en esto, chama, no más suposiciones, solo sinceridad. Yo no me hice diva de la noche a la mañana, viví mi proceso y me empoderé. Si tú te visualizas plena y radiante, ten por seguro que este libro es para ti, úsalo sabiamente y comencemos.

Chama, el mundo está lleno de malvibrosas, y desde que soy la más diva de YouTube he leído comentarios de que si soy esto, que si me gusta lo otro, que con qué me identifico. Soy la que soy y punto, como diva se me respeta, porque no me gusta caer en provocaciones ni perder el tiempo con envidiosas. Hay que empezar así, arrechas, coño, para dejar claro que una tiene personalidad y no atiende mitos ni mentiras de gente desocupada. Mientras vivas tu vida de forma auténtica, seas quien quieres ser, disfrutes tu vida y la llenes de amor, lo demás no importa. ¿Que qué me gusta? ¡Pues ser diva! ¿Que cuáles son mis deseos? El dinero, chama, el lujo, el amor y la fama. Ja, ja, ja, es broma, pero, si quieres, no es broma. Si bien lo material es llamativo y podríamos decir que interesante por todo lo que brinda, con el paso del tiempo y muuuchas experiencias, me he dado cuenta de que una diva, mientras más disfrute su libertad, dé y reciba amor, vivirá su esencia con mayor plenitud.

Y como ya estamos claras con esto, te platico de una vez qué se necesita para ser diva. Te voy a dar algunas recomendaciones, aquí entre amigas, pero tampoco esperes que te revele todos mis secretos, porque Divaza solo yo.

Ponte en tu papel de diva

Tienes que marcar la diferencia, ser única, necesaria, memorable. Construye tu personalidad, sé auténtica y no copies a nadie. Digo, puedes tomar la inspiración de tus influencias, pero no seas una imitación de Madonna o Lady Gaga, que son las más *top* del mundo, sé tu propia versión, constrúyete. Te recomiendo tres cosas, para empezar:

1. La ropa. Crea tu estilo ¡y nooo te vistas con ropa fuera de estilo! Una diva usa lo más *top*, las tendencias, el último grito de la moda, y ve cómo hacerle para no estar repitiendo. Con la etiqueta que te vean es como te tratan. Recuerda: no siempre lo más costoso es lo mejor. Se trata de expresar tu personalidad con tus *outfits*; a mí me gusta la ropa de pasarela, para qué negarlo, pero eso no significa que algo *vintage* no quedaría perfecto para una fiesta o salida casual. ¿Cuántas veces has escuchado decir que esa ropa no se te ve bien? Amiga, eso lo vas a oír siempre, la gente lo repite una y otra vez, pero si a ti te gusta una prenda o un estilo, ¡úsalos! La moda es libertad y una forma de expresión que te definirá y con la cual dejarás huella. Imponte siempre.

2. Entacónate. Si la naturaleza no te dio la estatura, cómprala, chama, así de fácil. Ponte un par de tacones, de preferencia que sean de aguja, pero practica antes de salir porque si no, vas a dar la nota. Sin ellos, mi amor, ¡no eres nadie! Estás hecha para romper tacones en la pasarela de la vida. Yo sé que son de lo más incómodos, cansados e incluso peligrosos si no tienes cuidado, a mí también me costó mucho trabajo dominarlos, pero te juro que valen la pena 100%. Usarlos te eleva no solo la estatura, también la autoestima; es como entre físico y psicológico este asunto, te dan un *shot* de actitud, porque la vida se vive como si fuera una pasarela y tú, chama, estás hecha para brillar.

3. Maquíllate. Lo mismo que el punto anterior, una no es fea (o sí, algunas lo son), pero lo que embellece es el maquillaje. Y para que no parezca que tienes una máscara, primero trata tu piel; el *skincare* es lo más importante. ¿Sabes que en donde más se nota tu salud física y emocional es en tu mirada y en tu piel? Por eso te recomiendo que duermas, por lo menos, ocho horas, que te hidrates lo suficiente, elimines toxinas con el ejercicio y te alimentes balanceadamente. Una piel sana te acompañará por siempre, consiéntela y date el amor que mereces a través de su cuidado. Después de que tengas una piel radiante, usa polvo para no brillar en exceso y un labial que te haga sentir bella. Al igual que con la ropa, no necesitas el maquillaje más costoso, aunque si puedes comprarlo y te gusta, adelante, diva, no te limites. El maquillaje es un asunto de gusto y práctica, si aún no sabes sacarle provecho a tu belleza a través de él, tranquila: hay muchos tutoriales con los que puedes aprender, no necesitas ir al salón a cada rato. Mi consejo: piel sana, creatividad, práctica ¡y ya lo tienes! También te recomiendo que te fijes bien en cuál maquillaje te va, de acuerdo a la ocasión. Si lo escoges correctamente, no cabrá duda de que eres la más arrecha de todas.

No atiendas críticas de cualquiera

Las divas somos seres interesantes por naturaleza, rompemos esquemas, creamos tendencias y es lógico que ese brillo les pese a los demás. Estarán atentos a tu vida, sobre todo si eres una celebridad en internet como yo; más de uno va a decir que estuvo contigo y tratará de "revelar" cosas de ti para usarlas a su conveniencia, así que cuídate de esa gente, chama, porque se alimentan de lo que dejas en el camino. Como ya sabes, las divas nos movemos en la polémica, eso es inevitable, te aconsejo que no les hagas caso, pero si te dan ganas de contestar, no le respondas a cualquier envidiosa, elige bien tus batallas y a tus enemigas. Coño, que por lo menos te aporten. Y a las demás, déjalas con su envidia, pero tampoco seas la perra desalmada que se desquita, porque eso significa que les das importancia. Que hablen, canten o griten, tú camina digna y empoderada delante de ellas.

De mí se dice un poco de todo, esa gente vive traumada con una, y en este momento, desde el lugar donde más brillo, solo me dan risa. También ten cuidado en quién confías, porque cuando te vean arriba querrán sacar provecho. Sea verdad o sea mentira, te lo dejo para que lo analices. Sé la más arrecha y no le des de tu fama a cualquiera. Déjame decirte que para llegar a este estado de paz tuve que pasar por mucho. Antes, claro que me afectaba que intentaran hacerme sentir mal, es normal, una tiene sentimientos, pero en el camino te das cuenta de qué vale la pena cargar y qué no, y definitivamente las intrigas y malos tratos hay que desecharlos a la primera. Piensa en esto: ¿qué tienes que los hace sentir mal?, ¿les hiciste algo?, ¿les causas algún daño? Si no es así, entonces el problema es de esa gente, y ser intrigosos habla peor de ellos que de ti; simplemente déjalos por su cuenta y tú sigue brillando. A ti solo te define tu esencia, no la envidia de los demás, vales por lo que eres y no por lo que otros suponen.

Quiero contarte algo que quizá te sirva. En mi adolescencia algunos se burlaron de mí, tenían sus motivos, que eran únicamente fastidiar y hacerme pasar malos ratos, en eso usaban su tiempo y energía, y si yo hubiera gastado los míos en hacerles caso, ahora no sería quien soy y nosotras no nos conoceríamos. Haz lo mismo: vive y deja vivir, da amor y sé feliz.

Pon tus metas muy arriba

Una llegó a este mundo a *darla*, y *darla* en serio, chama. Si tú no consigues ser única y necesaria, ¿cómo vas a brillar? Para triunfar hay que tener un plan, porque no somos Kylie Jenner para convertirnos en las reinas de la industria de la noche a la mañana (aunque ella también le trabaja, ¿eh?, que estar bonita y ser exitosa requiere de mucho). Te diría que el cielo es el límite, pero hay mucho más, diva: que el cielo solo sea tu primera meta. Apunta hacia lo más alto y no quites el dedo del renglón, es difícil pero no imposible. Estos son mis *tips*, para que veas que no soy egoísta y que quiero verte triunfar:

Invierte en tu cerebro y personalidad

Sí, porque muy bonita y toda la cosa, pero si no te cultivas lo suficiente y no dices nada interesante, vas a caer en el tópico de que las bonitas no necesitan ser inteligentes, y déjame decirte que sí lo necesitamos, porque el mundo se pone cada día más complicado y la inteligencia es como una plantita que se riega con amor y se trata con cuidado, así que te recomiendo que te conviertas en graciosa, simpática y divertida. Te preguntarás: ¿cómo le hago? Muy fácil, que seas inteligente no quiere decir que debas aprenderte toooda la enciclopedia, comienza por prestarle atención a tus gustos y saber más de ellos, quizá puedas ser experta en algo que te apasione y tener una muy buena plática con alguien.

Imagínate que además de bella, graciosa y empoderada tienes cultura y la demuestras. Los detalles hacen la diferencia: saber una fecha importante, un dato de alguien a quien admires, la historia sobre un lugar que hayas visitado o te gustaría visitar, ¡hay tanto por saber! En una de esas, la persona con la que hables de tu tema favorito puede ser alguien de mundo, ¡imagínate que la sorprendas! Ja, ja, ja, es un ejemplo, pero mientras más nutras tu inteligencia, más arrecha te vas a sentir. Ningún tema es pequeño cuando lo conoces y hablas de él con pasión, así que dale tu toque de diva a todo ese conocimiento y sal a brillar.

Empodera tu cuerpo

El mundo es de la que lo conquista, y para eso te recomiendo que mantengas un equilibrio entre la mente y el cuerpo. Con esto me refiero a que si cultivas lo intelectual, también le des amor al cuerpo que te contiene, porque no hay algo más hermoso que amarte a ti misma. Hazte diva por dentro y por fuera. Siéntete orgullosa de quien eres, ama tus detalles, acepta lo que está ahí, y si quieres mejorar una versión de ti, me parece increíble, pero no dejes de quererte y valorarte porque has llegado hasta aquí gracias a esa máquina perfecta que habitas desde que naciste. Es el momento de que te pongas los tacones, el *outfit* que mejor te represente, un maquillaje arrechísimo y camines por la pasarela de la vida, da lo mismo si es en el supermercado, el pasillo de la escuela o la pista de baile de una fiesta, sé tú y vive feliz y plena en ese cuerpo maravilloso.

Ahora con mente, corazón, actitud y cuerpo listos, **dale fecha a tu plan**: haz un calendario de metas (en el amor, en el dinero, en los negocios, en la popularidad); si no planeas correctamente se te va a pasar el tiempo y no vas a ser la más arrecha. Sé que como diva ya posees todo y únicamente es cuestión de que te la creas, pero nunca está de más proyectar qué quieres, porque así las cosas salen mejor.

Recuerdo que hace muuuchos años yo me visualicé como soy ahora, pasé de un sueño a la planeación de mi vida, pero no fue fácil. Como habrás empezado a saber en este libro, sucedieron muchas cosas en el camino, y así con cada momento que ha marcado mi vida de diva. Cuando me invitaron a participar en los Kids Choice Awards, yo estaba que no me la creía: fue una noticia maravillosa, pero al mismo tiempo entendí que se me venía encima una gran responsabilidad con ese momento hermoso. ¿Qué hice? Me visualicé en diva y puse en práctica esto que te he compartido: me preparé en todos los sentidos, desde los ensayos para tener un buen dominio del escenario, las pruebas de vestuario, la técnica vocal, hasta expresión corporal frente al espejo de mi casa. Sería un momento quizá breve para algunos, pero para mí era MI MOMENTO y quería que saliera lo mejor posible, y sin preparación no lo habría logrado. Sueña mucho, diva, pero también pon en práctica tus herramientas.

Escribe tu propia historia

Para que te recuerden, tienes que hacer cosas únicas, ser versátil, auténtica, *darla* todo el tiempo. El *glamour*, la fama, los lujos, el brillo, todo eso es importante y nos encanta, pero si quieres trascender, vive tu vida como si fuera un libro. Así es, chama, o una serie, un *reality*, una película. Yo quise dejar huella en un libro y ahora es como si leyeras mis primeras memorias, ¡qué nervios! Tú eres la protagonista de la tuya y vas a decidir quién entra, a quién le das importancia, quién es la villana, cómo vas a enfrentarte a las malvibrosas, qué capítulos serán los más emocionantes y cómo terminará cada uno (no pienses en el final del libro, porque capaz te mueres, ¡no invoques el mal!).

Si no te visualizas desde hoy como la más arrecha, ni tienes en mente que cada persona de este mundo tiene derecho a escucharte, solo serás un personaje de relleno. Empieza a actuar como te gustaría ser recordada.

No tengas miedo a los cambios

Así es, futura diva. Un motivo por el que divas hay muchas y Divaza solo una es que yo me he enfrentado a lo que la vida me ha puesto delante. Que si polémicas, odio, peleas, mentiras alrededor de mí, todo eso lo he combatido porque mi espíritu y mi personalidad cambiaron, chama, salí de mi caparazón, me empoderé y me convertí en esto. A veces me dicen que extrañan una versión vieja de mí. ¿Por quééé, para quééé vivir en el pasado? Piensa en cómo te gustaría verte ¡y cambia!, que con dinero, trucos y productos todo se puede; imagina la vida que te gusta ¡y trabaja para tenerla! Lo mismo sucede en el amor, que es un ingrediente importante en toda vida: cambia tu idea sobre las relaciones, deja de hacerte la sufrida de telenovela y ponte el chip de diva.

Y de una vez te lo anticipo: mientras más plena te vean más te van a odiar, es parte del paquete; tú agarra tus lentes de sol y no veas nada. Coño, claro que cansa, pero solo es un rato, a ti se te va a pasar y a ellas el coraje les puede durar toda la vida. Cambia, chama, empodérate, demuéstrales que ya no eres una carajita y a ti nadie te manda. Sé feliz y brilla a pesar de todo. Estos son algunos de mis consejos. Puedes empezar por aquí e ir descubriendo tu parte más divesca, el proceso es largo pero efectivo, te lo dice la más arrecha de todas. Recuerda que: "No soy perra ni soy gata, soy Divaza y esto te mata".

CAPÍTULO 4

ORGULLOSO DE MÍ Y DE QUIEN SOY

Identidades hay muchas, siempre las ha habido, solo que no se les daba su lugar por asuntos de contextos misóginos, machistas e intolerantes, históricos y sociales, como dirían algunos. Ahora hemos llegado a un tema que es esencial para mí en el día a día, te diría que lo ha sido desde mi adolescencia, aunque no hablaba mucho de eso, pero hoy es lo que me representa públicamente y quiero que podamos compartirlo. En lo personal, me preocupa cuando alguien pasa por episodios de rechazo y eso le provoca tristeza y depresión, cuando lo más hermoso del mundo es amar y amarse con libertad, pero sé que es un camino muy largo que comienza desde el reconocimiento hacia una misma, la aceptación y la tranquilidad; yo no lo sabía y lo he ido descubriendo poco a poco.

El tema de la orientación sexual y cómo asumirme y dar la cara al mundo es algo primordial en mi vida. A diferencia de muchas personas que llevan un largo proceso para hablar con su familia acerca de su orientación, lo mío fue diferente. Vengo de una familia un tanto conservadora, como muchas, y siempre supe que no iba a ser tan sencillo sentarlos en la sala y decirles cómo me sentía al respecto. Por un lado, por cómo eran mis papás, y por el otro, porque mi personalidad era incompatible con una escena así. En mi mente no cabía la posibilidad de una voz en *off* que me dijera: "Anda, platícales, es el momento". Los entiendo porque son gente que creció de manera distinta y no tienen el mismo acceso a la información y apertura que nosotros, no los puedo juzgar si su reacción no fue la mejor.

Siento que yo les presenté a la Divaza primero, y esta es la historia: te he platicado que cuando salió la red social Habbo, que funcionaba tipo Sims, yo me la pasaba ahí, hice amistades, me sabía la "vida" de los otros jugadores, participaba en retos; en fin, era mi mundo. Y en Habbo los usuarios también se clasificaban entre ellos por niveles que tenían que ver con la nacionalidad; obviamente los de Venezuela no éramos los consentidos, por eso yo me empeñaba en subir de nivel para convertirme en un usuario popular y que me notaran al mismo nivel de los de otras nacionalidades. A veces le decía a mi mamá que me ayudara a grabar los videos de los retos que quería subir, porque yo no tenía trípode ni equipo. Debía de pensar: "Este carajito está loco, pero con que se entretenga, a grabar videos". Ella no hablaba, pero sí hacía muecas cuando veía que me ponía tacones, que me maquillaba muy feo a propósito y lo que requiriera el video. Mi mamá siempre supo que yo iba a desarrollar, no ese lado artístico, pero sí la curiosidad por el mundo digital, los videos, inventar e improvisar cosas. Eso era muy distinto a que me vieran como si en verdad en ese momento fuera gay, porque no dejaba ver una manifestación sexual o mis gustos. Mi mamá siempre tuvo en la cabeza que era una actuación mía, no le gustaba, pero solo la veía como eso.

Y yo a la edad de doce o trece no era que no supiera que era gay, desde siempre me di cuenta de que me gustaban más los niños que las niñas, simplemente no lo ponía en palabras porque no le daba mucha importancia; no buscaba un novio, mi vida giraba en torno al mundo virtual, y justo en ese momento, a "existir" en Habbo. Siempre escuchaba a mi familia decir cosas feas, tipo: "Yo prefiero tener un hijo malandro a un hijo m@r!c@", la frase típica de una familia latinoamericana homofóbica (que dice que no lo es), que ellos sienten muy normal pero a uno obviamente le da miedo escuchar. Como dije antes, los comprendo por su historia y contexto, pero no los justifico.

Tííípico de los papás que no quieren ver la realidad. Chama, hay que quitarles la venda de los ojos porque tener una hija no es un castigo, es una bendición.

Yo creo que por eso la computadora fue mi refugio. El primer momento difícil fue en la secundaria, yo tenía catorce años y un noviecito ahí. Nos escribíamos por Facebook —porque no era muy accesible platicar después de la escuela—, nos mandábamos fotos y mensajes todo el tiempo. Mi mamá lo descubrió porque un día le presté la computadora a mi hermana y no cerré mi sesión en Messenger, ella se metió a ver qué había, lo leyó y fue rápido a decirle a mi mamá. Fueron momentos muy difíciles, porque me restringieron el uso de la computadora, y eso de ninguna manera lo iba a soportar, no podían quitarme mi mundo, todo lo que me hacía feliz...

Luego me la devolvieron, pero mi mamá tomó una actitud muy rara: empezó a portarse como una custodia, se sentaba en mi habitación una, dos horas, a ver qué yo hacía en el teléfono, si hablaba o mandaba mensajes, a mirar la pantalla de la computadora por encima de mi hombro, callada, solo me veía y estaba atenta por si escuchaba algo. Yo de por sí no salía tanto por lo peligroso de la situación en las calles, porque fueron los peores años de violencia. Como que mis papás tenían miedo de que me les volviera o m@r!c@ o malandro si me juntaba con otra gente (ya sé, estas cosas no tendrían que suceder, pero era nuestra realidad). Su castigo fue que yo me sintiera preso en casa, porque mi única libertad estaba en el internet y ya no podía ser libre a través de mi computadora, porque la tenía a mi lado todo el tiempo. O más pesado aún, porque si yo estaba encerrado en mi cuarto ella llegaba, tocaba la puerta, me entregaba la comida y se iba sin hablarme. Aunque para mí mejor a que estuviera detrás de mi hombro atenta a las notificaciones de Messenger. Me sentía como una princesa encerrada en un cuarto, vigilada, ¿sabes?, así estuve como dos o tres meses, hasta que el tema se olvidó.

Yo no sé por qué mi mamá era así. Siempre que discutía con alguien porque le preguntaban si yo era gay, respondía: "Ay, no, no, no, cómo crees, son los videos". Yo la escuchaba, pero ya no le daba tanta importancia, al final ambas sabíamos. Yo entiendo que en ella era casi automático, debía sentir alguna presión y esas eran sus respuestas; y también en mí, que hacía oídos sordos. Ahora mismo estoy en la posición de comprender que ellos han tenido siempre un tipo de relación que no me gusta, no veo mucho amor ahí, sino convivencia, y las decisiones de mi papá tampoco fueron acertadas en el plano familiar y de pareja. Entonces, como están acostumbrados a llevarse así, de los pelos, pero en la misma casa, han normalizado ser infelices, de cierto modo, como también pueden normalizar anular la identidad de alguien solo porque no se ajusta a lo que ellos aprendieron con la educación que tuvieron.

También siento que de manera constante (o ya permanente) tengo que escoger entre uno de los dos, porque no hay pareja como tal, a pesar de que viven juntos por necedad, más que por necesidad (ya sé, relaciones tóxicas, y ya sé que me pueden criticar por sacar a la luz detalles de mi familia, pero bueeeno, cada quien, y no soy la única que viene de un contexto así). Mi papá tiene una adicción de las peores: la ludopatía. Eso nos llevó como familia a pasar de un estado de bienestar a perder bienes y seguridad. Todo lo que le llegaba se lo llevaba al casino y, como cualquiera sabe, si tienes suerte una vez y ganas, te vuelves loco y apuestas eso más todo lo demás y, por lo general, al final, lo pierdes todo. Mi papá es ese tipo de personas que no puede controlarse y por eso no tiene un capital fijo, y dudo que lo vaya a tener. No lo estoy criticando, soy objetivo con la manera en que veo estos problemas. También yo he ido al casino y por eso sé cómo funciona, si lo sabes hacer. Yo soy arrecho, si gano, guardo esa ganancia y juego un poco más, o solo juego con lo que ya gané y guardo lo mío, ¿sabes? Hay maneras de hacerlo si solo quieres divertirte, pero para él no es una diversión, es vivir obsesionado con doblar la ganancia y eso casi nunca sucede. Este problema no solo fue durante mi infancia y adolescencia, hace poco le mandé dinero a mi mamá para Navidad y quedó en manos de mi papá, que se lo robó, pero en realidad quedó en manos del casino, porque lo perdió todo.

Las sospechas de mi familia de que yo era gay, por el tema de los videos, por cómo salía, hablaba y me comportaba, fue muy distinto a cuando de verdad "salí" a través del video de YouTube; son dos historias distintas. Cuando decidí salir del clóset, yo sabía que mi familia no lo aceptaba y a través de la cámara le dije a mi mamá que era gay y que por favor entendiera. Ese video, a pesar de que era una muestra de fuerza porque iba a asumir delante de todos quién soy, me daba terror. Fue una época en que se hablaba de "una manera correcta" de hacerlo: sentabas a tus padres en la sala, les explicabas tranquilamente y al final todos entendían y se abrazaban. En mi caso no, y no porque yo no fuera una persona directa, pero nunca en la familia generamos esa confianza, yo conocía su pensamiento y tenía claro cómo serían sus reacciones.

La única forma que tuve para decirlo fue a través de un video y dirigiéndome a la gente. Por un lado, quienes seguían mi canal pensaban que los videos eran actuados, pero no, nada que ver, porque era una parte de mí mismo que quería compartir; era yo todo el tiempo, pero ese yo que vivía dormido dentro, la parte que dejaba salir para que hablara de lo que quisiera como le diera la gana. Entonces tenía como ciento cincuenta mil suscriptores, y a través del canal compartía mi música, las películas que me gustaban, los temas que me interesaban, los actores que eran el amor de mi vida y me inspiraban. Todo aquello que era parte fundamental de Pedro, pero se quedaba entre el universo de la red y mi interior. Hice ese video porque fue la forma más segura y natural que tuve para hablar de este tema tan importante.

Recuerdo que después de subirlo me quedé con el *router* del internet como una semana, no quería que vieran el video que ya había subido y no deseaba eliminar. De por sí, desde chiquito me daba pena que mi familia viera mis videos en mi cara, los sacaba de la casa cuando me tocaba grabar, y si los veían por otro lado, no podía hacer nada, pero conmigo ahí y ellos reaccionando a los videos, no: eso no lo soportaba, mucho menos aquel. De todos modos, dieron con el video porque un primo se lo mostró a mi papá. La primera persona de mi familia con la que hablé después de subirlo fue con ese primo, estudiábamos en la misma escuela, se enteró por otros compañeros, lo vio y fue a quemarme con mi papá a la perfumería que tenía. Cuando mis padres vieron el video, se omitió la conversación. Incluso al día de hoy.

Muchas personas pensarán que como vivo abiertamente siendo la Divaza mi familia está muy contenta con eso, y hoy en día no es así. Enfrento los mismos problemas que muchos respecto al tema de respetar mi identidad, o tan solo aceptarla. Hace poco tuve un problema con mi mamá, la discusión subió de tono, nos dijimos esto y lo otro, yo la grabé y subí el video, ella dejó que la grabara porque discutía como si tuviera razón, y mientras más gritaba, más alimentaba el problema. Hay muchas cosas que no comprendo y no les presto tanta importancia, como el hecho de que al día de hoy ella hable de mis preferencias como si supiera algo que yo no: que si soy bisexual, que si en algún momento me casaré con una mujer (¿como por qué?), y no lo dice, pero es como si pensara que estoy pasando por una "etapa". ¿Te suena? ¿Has escuchado esto de otros papás que se niegan a ver la realidad? Según ella y sus cartas astrales, ve que a los 34 años tendré una esposa y puede que esa esposa sea mi mejor amiga (sí, ajá, cómo no). Siento que ella y mi papá entienden a medias: ven la realidad, la única que existe, pero en sus cabezas hay otra y está justificada por todo lo que creen que "debería ser". Esto no me pesa porque sé cómo vivirlo, pero hay personas que viven situaciones similares y a ellos sí les causa malestar que su círculo cercano siga creyendo algo que no es.

Pues deberían estar contentos, porque mi llegada ha cambiado más de una vida y ha iluminado otros caminos. A quien no le guste, que sintonice otra cuenta en YouTube, pero de todos modos me van a seguir viendo.

La primera vez que le presenté un novio a mi mamá fue en Argentina. Viajábamos para un *show* en el que yo era uno de los artistas principales, por lo que pude llevar a dos acompañantes, y qué mejor que fueran ellos dos. Él era un novio que conocí en México. Yo tenía entre dieciocho y diecinueve años y para mí ese momento era importante, porque era una relación que consideraba formal. Yo ingenuamente pensé que era la ocasión ideal, se conocerían, se caerían bien y todo saldría como esperaba; mi novio y yo dormiríamos en una habitación y ella en otra. Mi mamá negaba lo evidente: hacía caras si me veía abrazándolo o hablando de él como mi pareja, se entrometía en nuestra privacidad e insistía en que era mi amigo. Pero había días en que convivíamos muy bien, por eso no sé qué es lo que en realidad pasaba por su cabeza, si vivía en un estado de negación y aceptación al mismo tiempo. Y si era así, qué cansancio.

Como dije antes, cada familia es diferente y en todas hay problemas, la mía no es la excepción. En mi papel de hijo, he hecho lo posible para ser correspondido y empático con ellos, porque mi situación ahora es mejor; le compré una casa a mi mamá aquí en México para que esté cerca cuando quiera, y muchos ya saben cómo terminó esa historia, pero hice todo lo que estuvo a mi alcance para darle felicidad y procuro su bienestar pase lo que pase. Pienso, no sé si me equivoque, pero con mi experiencia así ha sido, que el hijo gay siempre está buscando la aceptación del padre, en algunos casos no es necesario y en otros el contexto te hace pensar que sí, y lo relaciono con mi vida. A mi mamá no le gustó la casa, porque sueña que regresaremos a Venezuela a vivir todos juntos para cumplir la historia que ha creado en su cabeza, pero eso es imposible: mi tiempo ahí ya terminó, me fui del país, hice vida en otro lado, soy un adulto y vivo de una forma distinta a la que ellos esperan; uno cambia, evoluciona, así de fácil. Soy un hombre libre, por eso los celos de ellos hacia mí sobre con quién estoy no tienen lugar, al menos no para mí.

La sexualidad abarca un espectro muy amplio. Yo me identifico como gay, pero no puedo decir que no haya momentos en que sienta más peso en mi lado masculino en cuanto a la forma de ser y vestir, o en mi lado femenino; la identidad se descubre todo el tiempo y lo mismo puedo decir que soy ella/*she* que él/*he*. Pasó algo que ahora se me hace muy curioso y fue cuando subí la foto de sirena a mi Instagram. Para mí es una sirena, yo quería ser una sirena, así de fácil, y mi mamá insistía en que era un tritón. A saber qué piensa, yo no puedo obligarla a verme de otra forma, a pesar de que ha pasado el tiempo. Mi papá no opina mucho al respecto, pero también tiene sus ideas acerca de lo que "tendría que ser" para cada persona.

Pienso que un elemento fundamental en este camino ha sido mi carácter, que no me dejo. De otra forma, el silencio de mis papás ante ciertos temas y la vida en negación de mi mamá me hubieran hecho pedazos desde el inicio. Una actitud así no me parece justa en ninguna familia, fue el contexto que tuve desde siempre y es lo que sigo viendo en otros, y desearía que cada vez fuera menos frecuente. Ni la identidad ni los sentimientos se fiscalizan, nadie puede decirnos qué sentir, quiénes ser, a quiénes amar, sin embargo, también podemos sacar fuerza de esto, entendernos mejor a nosotros mismos y hacernos un pequeño reconocimiento

por la valentía que tenemos todo el tiempo, porque si ni siquiera en el núcleo familiar recibimos ese apoyo, nos toca
a nosotras darnos ánimo.

Chamaaa, mereces todo, empezando por ser feliz. A nadie le des el gusto de hacerte sentir menos ni de obligarte a encajar en una sociedad llena de prejuicios. Sé tú misma y vive en libertad, vas a ver cómo te quitas un enooorrrrrme peso de encima.

Esta parte de la historia de mi vida quiero compartirla porque quizás haya muchas personas que se enfrentan a lo mismo, intolerancia y ojos cerrados a la realidad por parte de sus seres queridos. Yo encontré mis herramientas para hacerle frente y vivir con la mayor felicidad posible, pero sé que para otros no es sencillo, y lo único que puedo ofrecerles es empatía a través de mi experiencia, que sepan que cada quien lo vive de forma distinta, pero no están solos. Al final, quien te quiera te va a aceptar con la identidad que tengas, porque eso eres tú y no pueden pasar por alto algo tan arraigado a tu esencia.

CAPÍTULO 5

LO MÁS IMPORTANTE PARA MÍ ESTÁ LEJOS

Algunas personas piensan que cuando alguien se va es porque es una pesada, que ve insuficiente su lugar de origen o reniega de sus raíces. Lo cierto, chama, es que en la mayoría de los casos (o en todos) no es así, pero la vida te pone tantas trabas que la mejor opción es moverte, aunque eso implique un problema tras otro. Mi caso y el de miles de migrantes ha sido así, una toma la decisión con el corazón en la mano y confía en que el asunto mejorará. Yo tuve una mezcla entre suerte y buenas decisiones (otras no tanto, pero debes seguir leyendo hasta llegar ahí) para que no me fuera tan mal. Quizás estás leyendo este libro porque pasas por algo parecido, entonces lo mejor es que leas con mucha atención mi historia, porque seguramente comprenderás mejor desde mi experiencia.

Desde muy chica apunté alto: quería convertirme en "alguien", que se me conociera en cualquier parte, que mis ideas y opiniones fueran compartidas por personas que pensaran como yo o se sintieran afines, y si no, que esos pensamientos generaran discusión. Siempre supe lo que quería y cómo, pero mientras luchaba por alcanzarlo, inevitablemente llegó el momento de pensar hacia dónde debía orientar ese sueño, y lo más obvio y conveniente para mí era dejar mi país. Sin embargo, esto no se dio de la noche a la mañana. Como decía, al inicio estuve en Habbo, después encontré en YouTube la mejor herramienta y el lugar más cómodo para mí, y poco a poco las cosas comenzaron a darse a lo largo de cuatro años, antes de tomar la decisión definitiva. Pero vayamos al origen de esto.

La situación en Venezuela no mejoraba, al contrario, durante mi adolescencia se ponía cada vez peor: mucha violencia, inflación, la gente perdía su trabajo o se quedaba en la calle, entonces entrar a YouTube siendo tan joven fue increíble, porque comencé a percibir mi primer sueldo, por así decirlo. Yo sabía que muchos creadores de contenido monetizaban a través del programa de *partners* y en Venezuela no era posible, yo ni siquiera tenía una cuenta para que me depositaran, pero sí una en PayPal que creé con la tarjeta de mi mamá. Una vez abierto PayPal, tendría posibilidad de ser contratado por marcas fuera de Venezuela.

Mi primer pago sucedió cuando llegué a los primeros cien dólares con el acumulado de los *partners*. Estaba súper feliz y lo primero que me compré fue una playera de Miley Cyrus que me costó 98, así que todavía más contento porque puedo decir orgullosamente que aquella fue mi primera compra gracias a los ingresos generados por mí. Ya me veía como una Divaza empresaria, y ese pequeño gran logro era la materialización de años de esfuerzo y práctica en internet. Después pensé que había sido una mala decisión económica, porque todo mi capital se fue en esa playera de Miley con el osito de *We can't stop*, pero cómo la disfruté y cuánto cariño y nostalgia siento por ella hasta la fecha.

Sueño con contarle esta anécdota a Miley cuando nos veamos y trabajemos juntas, estoy segura de que se va a conmover y a estar orgullosa de mí, como yo de ella. Sí, fue mi primer sueldo y no me arrepiento de nadaaa.

Desde entonces ha pasado mucho tiempo, mi carrera creció y se convirtió en algo muy sólido cuando apenas cumplía la mayoría de edad, que fue el tiempo en el que decidí migrar. Ser venezolano en el exilio y no hablar de eso es imposible, principalmente para mí, que me las he visto duras y he salido de varios baches. Cada uno de nosotros como inmigrantes tenemos historias de vida complejas, unos más que otros, cada quien migra por necesidad y no porque te guste que te traten mal en otro lado (lo cual no es 100% mi caso, sé diferenciar entre lo que me ha sucedido y lo de otra gente) o estar separado de tu familia; sin embargo, las circunstancias te llevan a que sea la única y mejor opción.

Todo comenzó desde antes de que saliera definitivamente del país. Tenía la chispa cuando aún era chiquita, porque para obtener la visa gringa investigué cómo hacerle desde Venezuela. Mi papá tenía el pasaporte europeo, ya que mi abuelo era de origen portugués, y contaba con los documentos de la empresa, eso le daba sustento económico y patrimonial para que, en caso de salir, su estatus migratorio estuviera justificado, así que inmediatamente vi la forma de sacar también mis documentos migratorios (y de paso los de toda la familia, porque aún era menor de edad). Me hice cargo de todo, llené la solicitud de la visa, me asesoré (en internet, obviamente) sobre qué me recomendaban para que no fuera rechazado, postulé y nos la dieron. No tuvimos problemas, porque mis papás decían que sí a todo, creo que ni le daban importancia. Te digo, todo se trata de tomar las mejores decisiones cuando tienes oportunidad de hacerlo, y como mi objetivo principal era salir del país y hacer carrera, tener los documentos fue el primer paso para convertirlo en realidad.

Después comencé a ir mucho a Miami. A mi mejor amiga, que vive allá, la conocí también por internet y hablábamos todo el tiempo por Skype. Me decía que hiciéramos un plan para que fuera a visitarla, aunque también fantaseábamos con vivir juntos en Miami. Y apenas juntamos dinero entre los dos, me fui a visitarla un mes de vacaciones de verano. Me vino muy bien, porque en su casa no pagaba nada y la primera vez que viajé ella me invitó (pero también llevé mis ahorros, no se crean que fui totalmente patrocinado). Ahí grabábamos videos (lo que ahora sería que generábamos contenido) durante el viaje. La segunda vez estuve en Miami yo ya monetizaba, así que me fui con más dinero, y entre esa y la tercera ida pasaron muchas cosas que me motivaban a pensar que el futuro sería mucho mejor si me quedaba por ahí un tiempo: yo ya había viajado un poco más, porque me iba mejor, tenía más de seiscientos mil seguidores, me invitaban a *shows* que si en Colombia, en Argentina, o sea que fuera de internet también trabajaba de una forma más cercana a lo que hago ahora, ya me patrocinaban como *youtuber* y cobraba por las campañas.

De esos viajes y trabajos comencé a procurarme un capital, el colchoncito para salir definitivamente del país. Siempre recalco que esta inquietud la tuve desde chiquito, primero por cómo estaba todo en mi familia y en Venezuela, y segundo, porque verme haciendo a gran escala y mayor proyección lo que hacía desde casa era mi motivación diaria, así que traté de ser inteligente e invertir las ganancias para que el contenido tuviera mayor calidad y mis números siguieran en aumento. Mi primera campaña pagada más o menos grande fue la que hice con Coca-Cola por los 100 años de la marca y lanzaron la vaina de la botella única; aquella fue una colaboración que me consiguió una *youtuber* de Colombia con la que ni siquiera tenía gran amistad, pero decía que yo le caía bien y me pasó el trabajo. Esa campaña consistió en un video para YouTube y me pagaron 400 dólares, con eso compré una cámara y un iPhone de segunda mano, porque no me alcanzaba para algo nuevo. Así cumplí mi primer sueño en cuanto a mi equipo de grabación, porque siempre me pasaban cosas muy estúpidas, como cuando mi mamá reunió dinero para comprarme el último modelo de iPhone, uno 5, y la estafaron; o sucedía un imprevisto y el dinero se iba en eso, teníamos mala suerte. Con el equipo, ya me dediqué más a los videos, a editar y verle otras posibilidades a mi contenido.

Hasta que reuní 2,500 dólares me fui a Miami por tercera vez. Lo hice a pesar de que mi mamá no quería, ella ya sabía que yo estaba ganando mejor y que mi inquietud era irme de la casa. Como viajaba más a Estados Unidos y otros países, como que sospechaba que por ahí iba la cosa. No le parecía porque, poquito antes de eso, ya me tocaba entrar a la universidad y para ella era prioridad que me metiera a estudiar, pero ni siquiera había dinero para que entrara a la escuela. Con las ganancias que generaba llegué a pagarme la inscripción y el primer semestre de Comunicación en una universidad con bastante prestigio en Caracas, que para mí era la mejor opción, pero vivía en Maracay, que está a dos horas de distancia. Entre que siempre digo que mis papás esto y lo otro, ellos todo el tiempo velaban por mi seguridad, porque en Maracay la cosa se estaba poniendo igual de fea que en Caracas, y a veces era muy peligroso moverse de una ciudad a otra en autobús: te asaltaban con arma de fuego (o ni siquiera había transporte), entonces mi papá empezó a llevarme a la universidad, lo hizo el tiempo que estuve inscrito. En uno de esos trayectos tuvimos un accidente: se le salió una llanta al auto y casi nos matamos, por eso me agarró miedo y, como no tenía tantas ganas de estudiar, me salí. Ya sé que me van a decir que qué desperdicio haber pasado el examen de admisión y pagado inscripción y colegiatura, más el esfuerzo de mi papá (que fueron solo unas cuantas semanas, tampoco tanto), pero en realidad yo no moría de amor por estudiar, lo hice por presión de mi familia y el destino puso su piedra para que no siguiera.

Pensé en darme un año sabático y dedicarme a mis videos, porque ya tenía muchísimos seguidores. Si pasado ese año veía que la cosa en YouTube seguía normal como para permitirme estudiar, y si me entraban ganas, ahora sí, de dedicarme a la universidad, pues bien, ya tenía el plan armado. La balanza no solo se equilibró sino que ganó el lado de YouTube, porque comenzó a irme mejor. Siempre supe que por más que creciera como creador de contenido en Venezuela, no iba a pasar de un límite, no tendría más futuro si me quedaba ahí, al menos no el futuro al que yo aspiraba, y aunque tenía ya varios compromisos para campañas dentro del país y proyectos chiquitos fuera, y eso me aseguraría pequeños ingresos, me motivaba la idea de ir por más, de probar suerte.

O sea que como diva ya había puesto los ojos en lo alto, y siendo la más arrecha, tenía que tomar una decisión.

A mí me gustaba Miami, ya había ido, la conocía bien, estaba mi mejor amiga ahí, y desde la primera vez que fui me sentí cómoda, veía las oportunidades que me brindaban la ciudad y el medio para hacer carrera, soñaba con un espacio propio para grabar, estaba muy mentalizada. Decidí dejar el país cuando me fui otra vez "de vacaciones". Ya sabía que si hablaba con mi familia, mi mamá no permitiría quedarme, haría un drama y la cosa se pondría fea, así que solo avisé que estaría de vacaciones con mi mejor amiga, tomé mi única maleta, metí todo lo que pude y estando allá le hice una videollamada para decirle que no regresaría. Yo en verdad quería hacer las cosas bien: tenía mi cita de abogado para comenzar el trámite de la visa de artista, que era la más viable. Le expliqué a mi mamá que no era por ellos, si no era para cumplir mi sueño, porque incluía muchas cosas, para comenzar, que viviera en mi propio espacio, con las condiciones necesarias para grabar, que pudiera conocer personas y tener más vínculos laborales, porque quería dedicarme a eso y en Venezuela ser creador de contenido, hasta ese momento, no me iba a dar lo que en realidad estaba buscando. Fue complicado que entendieran, de hecho, no creo que lo hayan asimilado del todo, mucho menos mi mamá, que quién sabe qué cosas horribles se imaginó entonces, pero la decisión estaba tomada.

Chama, como ves, no solo se trata de decir "agarro mis cosas, mi dinero y mis papeles y me voy" —ojalá hubiera sido así de sencillo—, sino de tener los pies bien puestos en la tierra y preguntarte si eso es lo que quieres hacer, si estás dispuesta a asumir cualquier consecuencia y si crees que tu vida mejorará. Duele estar lejos de los tuyos, duele hacerlo desde muy joven, pero una vez que tienes claro todo esto, te mentalizas y trabajas en ello. Suceden cosas buenas y otras que te darán más aprendizaje a cambio de unas cuantas (o muchas) lágrimas. A los diecisiete años cambió mi vida para siempre con mi llegada a los Estados Unidos.

CAPÍTULO 6

VERDADES INCÓMODAS

El 4, 5 y 6 de junio de 2017 pasé por un episodio que nunca voy a olvidar. Se puede ser una diva, tener luz propia, muchos sueños por cumplir, brillar, que te quieran, pero para las leyes eso no importa, ¡nada importa! Mucho menos para las de los Estados Unidos, y lo viví en carne propia, chama. Fui una diva deportada y presa. Afortunadamente puedo contar esto desde un lugar mejor, pero eso no significa que no hayan sido días de angustia, dolor y una de las peores experiencias de mi vida.

Comencemos desde el origen, porque el hecho de que ahora viva en México tiene que ver con mi problema migratorio en los Estados Unidos. Chama, ni siquiera tuve uno en Venezuela, que es de los países más difíciles del continente y lo vine a tener en Miami. Yo ya me veía plena y realizada a punto de ser una diva bilingüe, latina y triunfadora y nada de eso: ¡quisieron tratarme como a una criminaaal! Bueno, aquí vamos, que esto es muy interesante y podría servirte para que no cometas los mismos errores que yo y no te caiga la maldición de la Divaza en el extranjero. Yo me vengo a México porque ya había pasado entre seis y ocho meses en Estados Unidos, bastante tranquila; podría decirse que ya tenía una vida montada: renté mi departamento, estaba con una agencia, conseguía campañas, me procuraba mi ingreso, el número de seguidores crecía, estaba cumpliendo el sueño americano; de ese lado todo estaba bien.

Como pensaba en quedarme ya de fijo, en mi mente rondaba la idea de tramitar mi visa pero sabía que no podía pedir refugio como habían hecho muchos *influencers* venezolanos que ahora viven allá, porque cuando la pides no puedes salir del país, y yo sí necesitaba hacerlo, tenía *shows* en otras partes, trabajaba y comenzaba a irme bien; necesitaba la visa de artista porque de eso venía la mayor parte de mis ingresos. Chama, tú sabes que cuando una diva va en ascenso, tiene que estar donde la convoquen, que si eventos por aquí, viajes por allá, iba a ser imposible quedarme en un solo lugar. Ya me iba bastante bien, la verdad, estaba despuntando y en 2017 me nominaron para los MTV Miaw en la categoría de La cara más fresca, y la ceremonia iba a ser en México, así que me entusiasmó mucho. Esta categoría premia al creador de contenido que apenas se da a conocer, aunque yo tenía ya como cuatro años en internet, pero hasta entonces se me ubicaba bien fuera de Venezuela y mi trabajo era tomado en cuenta en las capitales con más *influencers* y usuarios de redes sociales. Cuando me enteré de la nominación me puse como loca de la felicidad, ¡por fin la vida me hacía justicia! Ya me veía triunfando en grande, ganara o no, pero más conocida y arrecha que nunca. Sin embargo, en ese momento no sabía el infierno que iba a vivir. Yo tenía la ilusión de ir a mis primeros premios, estar cerca de mis seguidores y hacer vínculos, ¿qué podría salir mal?

A todo esto, yo llevo como diez años en YouTube y he visto el crecimiento de muchos canales, también la transición de la plataforma y cómo los creadores se han ajustado a lo que hay, dependiendo del momento. Pasamos de los medios tradicionales y de las personalidades que se hicieron famosas en ellos, a hacerte famosa (o más bien, conocida) en redes sociales por tu personalidad —porque ahora está sobresaturado—, cosa que no se daba con frecuencia. En 2017 no había TikTok y YouTube era lo máximo, todo mundo hablábamos de la cantidad de comentarios y alcances de un video, del contenido de la generación anterior, de la nuestra, de cómo pensábamos que iba a ser el siguiente año para los creadores de contenido, o sea, yo me sentía muy en mi medio. Que me nominaran al premio en esa categoría era uno de mis grandes logros y así se materializó un sueño que al principio veía muy lejano, pero nunca me pareció imposible, porque le ponía muchísimo empeño a mi contenido. Comencé a pensar en mi momento dorado caminando por la alfombra y siendo fotografiada por todo mundo. Coño, pasara lo que pasara, ¡no me lo iba a perder!

Con toda la emoción del mundo me vine a México, fui a los premios y no gané, pero yo estaba soñada porque vi reunidos a muchos *influencers* a quienes yo solo conocía por internet, porque como mi nacimiento como Divaza sucedió en un lugar con muy pocos creadores de contenido, a algunos los había visto en eventos no tan grandes en otros países, pero fue en México que pude verlos a todos juntos.

Con 2.7 millones de suscriptores también me ubicaban, así que no llegué de la nada, me saludaban, decían que qué bueno por fin conocernos, yo les platicaba que estaba en Miami y cómo me estaba yendo; en fin, fue una noche muy bonita. Sentía que la diva que siempre había deseado ser —y ya era— estaba en su medio natural, empoderada, feliz. Yo me merecía eso, chama, como nos lo merecemos todas las que luchamos por alcanzar un sueño, aunque ese sea muy lejos de casa.

El caso es que cuando trato de volver a Estados Unidos, en Migración todo se puso raro: me tomaron la foto, puse los dedos en la maquinita de reconocimiento de huellas digitales y la persona a cargo llamó por el micrófono a otra, le dijo que había un problema y comenzaron a hablar entre ellos, pero yo solo entendía a medias, porque en ese momento mi inglés no era tan bueno. Sin saberlo, en Migración ya me habían investigado, así que cuando llego me dicen que no puedo pasar; y viene lo peor: le ponen el *ticket* amarillo a mi pasaporte. De repente todo se me vino encima: sentí que caía en un hoyo negro, el de la maldición de ser deportada. Pensé en qué iba a suceder con mi departamento, con todas las cosas que había comprado, los contratos con la agencia, la vida construida durante todos esos meses. Tenía mucha incertidumbre y empecé a imaginarme lo peor, porque no era normal que se comportaran así. Si yo ya había entrado y salido de Estados Unidos y de otros países y conocía el proceso en Migración, que hicieran eso definitivamente significaba lo peor; además de que ya había oído hablar del dichoso *ticket* amarillo, que solo puede indicar problemas serios. Te juro, chama, que eso no se lo deseo a nadie, aunque exista gente que se haya portado horrible conmigo, la incertidumbre y el miedo de pasar por un proceso así es espantoso; yo estando sola y vulnerable creía que el mundo me caía encima.

Entre dos guardias (además, nada guapos y con cara de que me odiaban) me llevaron a una segunda revisión, chama. Hasta me dan escalofríos de recordar, porque en la segunda revisión te hacen interrogatorios muy fuertes, al estilo de ellos, ya sabes, para averiguar en realidad a qué vas al país, qué intenciones tienes, cómo consigues dinero, qué haces, ¡todo!: te preguntan cada detalle de tu vida y te ponen nerviosa. ¿Has visto videos y películas de gente presa en aeropuertos?, ¿o presa en el extranjero por un crimen que no cometió? ¡Yo me sentía peor! Y yo tan frágil comparada con esos guardias que te miran horrible pero no te dan explicaciones. Antes de que me interrogaran, estuve muchas horas esperando, sin saber qué hacía ahí o cuál era el dichoso problema por el que me negaron la entrada. ¿Y si me metieron algo en la maleta?, ¿y si me están confundiendo con alguien?. Te juro que solo deseaba que fuera una equivocación.

Después se puso peor. Pasaron diez horas —o no sé cuántas—, hasta que me llamaron a la confesión, digo, al interrogatorio, y bajo juramento, acatando las leyes de los Estados Unidos; qué nervios, con trabajo podía entender sus órdenes. Expliqué que estaba ahí de visita con unos amigos y no me iba a quedar, porque ya tenía pasaje de regreso para dentro de unos días: «¡Mienteees! —me gritó el oficial—, mientes, aquí hay un video donde dices que te vas a vivir a los Estados Unidos». "La Divaza: me voy de Venezuela". Y mi cara en pantalla completa. Ellos ya habían visto mi canal, el oficial me dijo que mi *alter ego*, la Divaza, juraba que haría vida en ese país. Quedé en *shock*, no podía reaccionar, porque me mostraba mi cara y yo oía mis palabras como en cámara lenta, como en una pesadilla, y el oficial ahí, esperando que admitiera lo que acababa de decir. (¡Ya sé, coño, ya sé que lo dije!), pero no le contesté así, me quedé callada, porque no tenía mucho que explicarle. No sé si se me caía la cara de la vergüenza o el miedo con sus gritotes o solo quería echarme a llorar por un crimen que no cometí, porque con ese video no quería perjudicar a nadie y terminé perjudicándome a mí misma.

Fue uno de los peores momentos de mi vida, estaba asustada, no sabía qué responder, porque tenía el video ahí enfrente. ¿Cómo iba a explicar que mi plan era solicitar una visa y hacer las cosas correctamente? Además de que me reclamó a nombre de los Estados Unidos que estaba trabajando de manera ilegal, que recibía dinero dentro del país a través de una cuenta bancaria de allá (que abrí legalmente, porque hasta cuando vas de turista o estudiante puedes hacerlo si tienes tu documentación y ellos lo permiten, pero como me estaba regañando, no podía contradecirlo), que no pagaba impuestos a la nación y que estaba rompiendo la ley y cometiendo delitos. Chama, yo oía todo eso y me mareaba del terror, veía pasar mi vida en cámara lenta. Mi trauma fue cuando me rayó la visa y me dijo que no tenía una válida para entrar a los Estados Unidos en los siguientes cinco años, que me enviarían a Venezuela en el próximo vuelo disponible. Divaza deportada. Así como te lo cuento: de-por-ta-da.

Y siguiendo con el protocolo, me convertí en la Divaza encarcelada, porque me metieron a una celda, chama. La Divaza encarcelada por un crimen que no cometió. Pasé 72 horas encerrada en Migración en el aeropuerto, y a pesar de todo trataba de estar tranquila, mentalizada, me decía a mí misma que eso iba a terminar tarde o temprano: «Divaza, tienes que ser positiva; Divaza, esto es un error». Pero también me sentía mal, derrotada, asustada, con el ánimo por los suelos; con frío, ansiedad, humillada porque me hicieron desnudarme para revisarme y ver si no tenía drogas; sin poder dormir, sin saber siquiera qué hora era o qué pensaba la gente que me había sucedido pues simplemente no aparecía ni daba señales de vida, porque mi teléfono y mis cosas no estaban conmigo. La verdad es que pasé por muchos estados de ánimo en muy poco tiempo, tantas emociones. Primero fue un *shock*, pensé que estaba haciendo las cosas bien, o al menos tenía la intención. Nunca quise hacer algo que atentara contra la justicia de ese país, pero tuve muy mala suerte y lo único que cometí fue un descuido del que me hice responsable, no podría decir que fue otra cosa o que hubiera actuado a propósito para sacar provecho.

A partir de ese momento, ¿qué iba a hacer?, ¿aceptar el asilo político y vivir en una especie de prisión, porque no podría salir de los Estados Unidos ni siquiera para regresar a ver a mi familia?, ¿irme a Venezuela y hacer el trámite desde ahí, aunque de todos modos estaría vetada cinco años? Solo podría irme inmediatamente y esperar a que se cumpliera el plazo de "castigo". El mundo se me había roto en muy poco tiempo, mis sueños y lo que tanto me costó conseguir se desmoronaban. Y para mi mala suerte, chama, cuando te deportan te mandan a tu país de origen, o sea que tendría que salir para Venezuela ya mismo, pero como la aerolínea con la que volé desde México no iba a Venezuela (es que nadie va, la verdad), tampoco podían regresarme. Cuando lo supe fue peor, me pasó por la mente que podrían dejarme presa ahí y me dio más miedo, pero para ellos lo lógico fue mandarme a México.

Confieso que México nunca fue mi primera opción, desde el inicio estuve más familiarizada con Miami. Era normal que pensara que me podría quedar ahí si desde que llegué me fue relativamente bien, pero el destino hace de las suyas y también acomoda las cosas. La verdad —y no porque ahora viva y sea feliz en México—, ya me gustaban el tequila, la comida mexicana, sus diseñadores y la buena onda de los mexicanos. En mis estadísticas, México estaba en primer lugar en vistas a mi canal, solo detrás de Venezuela, y yo no me explicaba por qué sobrepasó a los demás países; la gente que me seguía y consumía mi contenido era de México, una buena parte de los creadores de contenido con quienes tenía más relación también estaban aquí y yo sabía que si me quedaba, si seguía trabajando como hasta entonces, en México también me iría bien. Las cosas se acomodaron para que yo llegara a este país después de una experiencia bastante fea, y no lo digo con resignación, sino porque una no se da cuenta de que las cosas suceden por algo, y a veces nuestros planes no nos pertenecen y quedan en otras manos: los míos, en las de Migración.

En Miami tenía el registro de DEPORTADO. Te explico bien, chama, porque a lo mejor no conoces a ninguna diva que se haya quedado presa, y toma nota de lo que no debes hacer en caso de que quieras irte a vivir el sueño americano. Cuando eso sucede, el gobierno hace una investigación, te clausura la vivienda y se queda con tus cosas. Es hasta la fecha de hoy que mis pertenencias siguen retenidas por ellos. O sea que si caes con esa etiqueta puedes perder todo. Una amiga fue ahí hace poco y dice que continúa un aviso en la puerta de mi departamento por parte de Migración, te ponen en el mismo estatus de una persona que tiene un problema con el gobierno, es raro y muy impactante. La decisión de quedarme en México fue la mejor, yo ya solo quería paz y no volver a entrar a una celda como esa donde estuve y me sentí tan humillada, aunque al llegar aquí no tenía a nadie como tal y aún estaba en *shock*, tratando de asimilar lo que sucedió. La persona que fue por mí al aeropuerto fue Sheryl Rubio, yo la conocía porque es una venezolana que se había venido a México y estaba haciendo carrera, y aunque yo no avisé a todo mundo sobre lo que me había sucedido, ella me tendió la mano y lo agradezco mucho.

A esto vinieron días difíciles, de comprender qué me había sucedido, de asimilar el trato que me dieron y lo vulnerable que me encontraba, dolida, sí, pero nunca derrotada. Yo me he movido con mucha inteligencia, con el corazón; he ido a perseguir mis sueños pero en ocasiones, a pesar de que quieres todo bien, en orden, como Dios manda y las leyes te exigen, un detalle mínimo, confiarte de más, hace que ese plan maravilloso se venga abajo. Y no solo el plan, también todo lo que durante mucho tiempo te costó trabajo conseguir. Ahora hablo de esto y ya no me duele como antes, salí adelante como pude, pero no quiero que ninguna de nosotras caiga presa en el extranjero, y menos tratando de alcanzar un sueño que no perjudica a nadie. Como te decía, chama, las cosas suceden por algo y muchas veces son inexplicables, pero en mi caso fue el origen de otro capítulo en mi historia.

CAPÍTULO 7

SOLO UNO
CONOCE SUS
BATALLAS

Ya que llegas a otro país y tienes que empezar de cero una vez más, comienzas a reflexionar sobre tu camino y te cuestionas si todo eso vale la pena. En lo personal, puedo decirte que no ha sido fácil, pero no cambiaría nada de lo que he hecho y sacrificado, porque eso es lo que me tiene donde estoy, tanto en mi crecimiento profesional como personal. Te cuento un poco mejor. Pasando el trauma de lo que me había sucedido, al poco tiempo de estar aquí, comencé a hacer más conexiones. Ya había tenido un primer acercamiento en persona con algunos creadores de contenido, llevábamos tiempo siguiéndonos en redes, así que no vine totalmente en blanco. Cuando llegué a México y conocí en persona a los *youtubers* más *top* del momento me llevé muy buenas y malas experiencias. Por ejemplo, una *youtuber* que ya era muy conocida pero no ultra famosa me vio feísimo, como si yo no fuera digna de estar ahí; luego me presentaron a otros que eran *top* de los *top* entre creadores de contenido, ellos se portaron de lo más chévere conmigo. ¿Ves cómo un número de seguidores no tendría por qué definir tu trato hacia los demás? La fama no debería hacernos despegar los pies del suelo y tratar mal a otros, principalmente si sabemos que están en condiciones no tan privilegiadas o fuera de su entorno. En este medio pasa de todo, y con tantas experiencias detrás, sabes reconocer el trato de las personas: identificas quiénes sienten gusto cuando te ven y, si te felicitan, sus felicitaciones son auténticas, pero también te das cuenta de que hay gente que nunca te topó en la vida y de repente te buscan porque ven que sus números bajan y los tuyos siguen arriba. En fin, nunca he sido rencorosa y acepto lo que viene si quien lo ofrece me cae bien, ya sea una colaboración, platicar o algo así, porque amistades sinceras, como ya dije, tengo muy pocas.

En TikTok se da más todavía, los creadores ahí son de otra generación, y siento que yo ya pasé por algo similar: siendo tan joven, con millones de seguidores, propuestas que te abren el mundo y las oportunidades, claro que llega el momento en el que ese mundo te deslumbra. Por eso digo que esta es una carrera de aprendizaje, y muchos aprenden así, cometiendo errores que solo pueden notar tiempo después y con mayor madurez. O no, y siguen en lo mismo. Hay picos de eventos que hacen que hablen mucho de ti. En mi caso fueron el *roast* (que tuvo cien millones de vistas), algunas colaboraciones, estar en los MTV Miaw, entre lo bueno. Porque lo malo siempre va a estar ahí y no precisamente viene de uno, sino de malas interpretaciones de asuntos que en realidad tienen que ver con otra gente. Dependiendo de lo que quieras es lo que persigues, cada carrera es un mundo y cada quien sabe cómo la lleva.

O sea, síii, pero que no se pasen, porque a muchos se les ha dado muy fácil, comienzan con representantes, millones por aquí y por allá para invertir, guiones hechos que solo tienen que leer, cara bonita y cero creatividad. Aquí todo es auténtico, chama, se ha luchado y se ha logrado.

Pues bien, mis primeros días en México los pasé con un poco de confusión y luchando por asimilar el trauma. Mi agente de ese tiempo me consiguió un lugar para vivir, y no exagero, pero me llevó a una mansión. Así como lo digo: estuve en la mansión de alguien. Ahora que lo cuento se me hace muy curioso, muy loco, en realidad, como de película. O sea que como Pedro mi vida ha tenido de todo, un día preso en el extranjero y al siguiente en una mansión en las Lomas. De verdad lo agradezco mucho, porque fue de gran ayuda cuando la necesitaba, pero fue muy fuerte vivir en esa casa. Era de un señor tipo *playboy* que hacía muchas fiestas todo el tiempo, con mujeres, alcohol y todo lo demás. Por ser una mansión, obviamente había bastante espacio y yo tenía mi propia habitación para vivir y grabar, en lo que conseguía algo propio. Estuve dos meses ahí, aunque no pretendía quedarme más porque el ambiente no me gustaba, pero era lo que había de momento y ese tiempo me sirvió para pensar qué hacer a corto plazo y cómo instalarme en la ciudad, producir contenido, buscar más vínculos y seguir con mi camino.

Después de casi un año estando tanto en Estados Unidos como en México, me fui a Venezuela un par de meses a ver a mi familia —la verdad es que lo necesitaba—, y para arreglar los papeles que me permitieran quedarme ya de fijo en México. Mi familia obviamente no quería que me fuera de nuevo, pero no era decisión de ellos, les dije cuáles eran mis planes y no les quedó más que entenderlo. Para mi mamá debió haber sido un alivio que regresara, así se cumpliría su sueño de que estuviéramos todos juntos; ha de haber pensado: «Este carajito ya probó la experiencia, es momento de volver a casa», pero nada más alejado de la realidad. Otra vez me proyecté: me gustaba México, iba a tramitar desde el extranjero la visa de trabajo y a comenzar a hacer carrera sin los pendientes migratorios. Cuando llegué a Venezuela sentí otra vez el *shock* de estar ahí, por todo lo que había sucedido, pero ya sabía que ese sentimiento extraño sería temporal. Volví a México, hice las cosas en el orden que debía y empecé a vivir mi vida de rica, famosa y latina, hasta el día de hoy y con un plan de vida. Yo llegué a *romperla*, renté un departamento con la Jose, como siempre quisimos, grabamos videos, hicimos un canal en conjunto y nada de lo que había sucedido antes iba a parar lo que estaba por venir.

Una de las mayores dificultades (emocionalmente hablando) de estar lejos es el vínculo con la familia, porque comienzas a cuestionarte muchas cosas: que si los quieres, que si te hacen falta, que si te la pasas mejor y vives en paz sin tenerlos cerca, ¿sabes? Vivir lejos es darte cuenta de quién eres y cómo te has relacionado con los demás durante toda tu vida, o cuáles son las cosas que de verdad importan. A mi familia la amo, pero vivo mejor estando de este lado, con mucha tierra de por medio. No es que les tenga rencor, a pesar de no haber tenido una infancia feliz (que, la verdad, ni me daba cuenta, ni es un trauma horrible que les vaya a reclamar), no les voy a echar la culpa por nada, ellos y yo sabemos qué tipo de amor sentimos y expresamos, y como siempre me he sentido un tanto desapegado, pero con los intereses claros, comprendo que ellos por su lado y yo por el mío, así todos felices; sin embargo, quiero su bienestar y a veces los extraño.

Desde chiquito pensaba en una vida lejos, haciendo lo que me gusta, feliz, y a la larga eso se ha cumplido. No soy una persona solitaria pero me encanta tener mi espacio, mi privacidad, tiempo para mí, estar a solas conmigo, que no necesariamente implica soledad. Disfruto grabar mis videos y editarlos yo mismo, me gusta mucho hacerlo solo en mi cuarto y puedo asegurar que el entusiasmo por crear contenido no se me ha ido desde que comencé, aunque también haya días en los que necesite descansar de todo esto. Por lo regular me grabo, digo esto, me equivoco, lo vuelvo a decir; así es como empecé y es como me siento más libre, incluso podría verlo como una terapia. Además, como soy muy perfeccionista, repito hasta que queda como me lo imaginaba desde un principio.

Mi anhelo por la vida que tengo ahora me motivaba, nunca lo vi como un sacrificio. De hecho, estar lejos no lo es para mí, porque lo he hecho por elección propia y de acuerdo con mis intereses, pero implica que no veo a mi familia con la frecuencia que me gustaría, ni a mis sobrinas, que las quiero mucho, aunque hablamos todo el tiempo y saben que estoy para ellos en el momento que me necesiten y que hago lo que está a mi alcance para procurarles una vida mejor. El hecho de ser un creador de contenido ya te expone a los ojos y crítica de todo mundo; sé que habrá quienes opinen que los que vivimos fuera de nuestro país no "retribuimos" solo porque no hablamos maravillas del lugar de origen. Seamos claros: esa nunca ha sido mi línea, afortunadamente tengo la libertad de hablar de lo que considere en mi propio medio, de decir la verdad, porque eso aporta más que disfrazar realidades solo para quedar bien.

Ser honesto no significa que no quiera mi lugar de origen o a mi familia, porque mucho de este trabajo es para ellos.

Luego de varios años de aprendizaje, tengo muchas opiniones encontradas sobre el apoyo que les doy, que nunca se los echo en cara, no lo hago con ese afán, pero siento que también, ahora que las cosas no están tan terribles como hace unos años, mi familia tiene la oportunidad de trabajar, no tienen enfermedades que se los impida, ni están en guerra. Sobre todo porque yo llevo años trabajando y procurándome el ingreso (y esto no lo digo desde el privilegio, más bien desde la objetividad y porque venimos del mismo núcleo). A mi familia la han caracterizado las malas decisiones de mi papá y la permisividad de mi mamá. Crecí viendo que mis primos tenían otra realidad, camionetas del año, teléfonos, cosas materiales, y nosotros no, porque cuando no sucedía algo feo que nos quitaba la plata, pasaba algo peor.

El caso de mi mamá también es desafortunado. Ella es abogada, tiene un doctorado que estudió en el Seniat, que en Venezuela es el Servicio de Administración Aduanera y Tributaria, obviamente del gobierno, y en una ocasión hubo una colecta de firmas para ver si sacaban a Chávez. Mi papá hizo firmar a mi mamá y resultó que quedó fichada en una lista negra del gobierno y ya no puede trabajar en lo que estudió. Ella toda la vida se estuvo preparando, desde chiquito la vi hacerlo por las tardes; estudió un máster en Caracas (y eso no se me olvida, porque mientras ella estaba en la escuela, mi papá me llevaba con él a visitar a una señora, ja, ja, ja, ahora solo me da risa), después el doctorado en el Seniat. Es una mujer muy inteligente y con mucha capacidad, pero no puede ejercer. Se profesionalizó para trabajar en comercio exterior y aduanas y al final no sirvió de nada, el gobierno le quitó la posibilidad. Como es un trabajo muy especializado que depende de las leyes de cada país, no puede ejercer fuera a menos que haga una revalidación, que es como volver a estudiar.

Mi hermana estudió Comunicación Social y está a punto de terminar, pero le falta la titulación, entonces tan limitada para trabajar y tener un ingreso, no está. Mi papá sigue con su perfumería, una que puso en sociedad con uno de sus hermanos, y con todos sus problemas encima, ahí está; pero dinero que le llega es dinero que se va para las apuestas. A partir de que me va bien he tenido que sostenerlos, en el sentido de que les ayudo en lo que puedo y ellos deben hacerse cargo de los gastos del día a día, pero esto tampoco es una mina de oro, no se le puede dar en exceso a nadie. Mis sentimientos van de un lado a otro con este tema, porque no puedo pasar por alto que mi mamá se endeudaba para que yo tuviera un teléfono o una cámara, y ahora intento que no les falte nada, lo asumo, pero cada vez con más cuidado.

La última ocasión que fui, viví en la Venezuela de la burbuja, donde pagas en dólares y te atienden bien, te dan productos importados, mucho más caro todo que en México, y eso se paga con dinero del extranjero. Estuve tres semanas en Caracas por trabajo, hice contenido por contrato e iba sujeto a lo que me indicaran. Los vi con gusto pero las cosas volvieron a ser como eran con la familia de hace cinco años: gritos, caprichos de mi mamá, enojo, muy incómodo todo y yo ya no tengo necesidad de pasar por esos corajes. A veces siento que mi familia es como las Kardashian, pero versión Maracay.

Yo lo veo de esta forma, un poco doloroso pero real: estoy fuera de mi país desde hace tiempo, me procuro una vida a través de mi trabajo, en redes se ve una parte de mí pero la verdad es que todo el tiempo estoy pensando qué más hacer, cómo crear, me capacito, aprendo cosas, me muevo, negocio, soy un hombre funcional e independiente, y la vida de mi familia en Venezuela es exactamente la misma, con los problemas de siempre: que si mi hermana hizo y deshizo, que si mi mamá está de malas, que si mi papá apostó, y me reclama por cosas sin sentido, que si esto, que si lo otro. Llegué a la conclusión de que tengo muchos problemas en mi vida que en realidad no son míos y yo no los generé. Y no sé si es una manera de pensar muy tóxica y latina, pero, así como ellos estuvieron para mí y me dieron no solo lo indispensable, sino más de lo que en ese momento se podía dar a un adolescente, yo estoy para ellos, no puedo desvincularme ni dejar de apoyarlos, los amo y fueron una de mis motivaciones para salir adelante; sin embargo, uno tiene que poner su salud mental por encima de cualquier otra cosa. Algunas veces, no puedo negarlo, me desespero y; otras, solo me da risa tanto pleito y mejor disfruto el momento.

Pasó algo chistoso no hace mucho, y es que mi papá no tenía redes sociales, pero se consiguió a una persona allá en Venezuela que le hizo las suyas, le crea videos promocionales en YouTube a título personal, no de la perfumería. Ese fue un problema, porque salí en un video con mi papá y mi mamá se molestó, dijo que cómo era posible que lo apoyara si yo sé que ellos tienen sus problemas. O sea que la situación es la de siempre, con redes, sin redes, pasan los años y la familia se comporta igual. Cada visita es como un viaje en el tiempo, y no es queja, he aprendido a verlos de otra manera, porque estando lejos los comprendo mejor y he crecido, me he vuelto tolerante a aquello con lo que viví y en un principio me molestaba.

En más de cinco años he crecido en todos los sentidos. Abandonar un país no es fácil, dejar de lado a tu familia tampoco, pero tus sueños tienen que ser tan grandes como para equilibrar la balanza y motivarte a dar lo mejor siempre, a aprender, a mantenerte fiel a ti mismo y madurar con cada una de tus decisiones. Hay personas que tienen el talento y los medios para salir y *romperla*, pero algo los detiene, podría ser miedo, comodidad, apatía, no lo sé, pero a todo aquello le dije ¡no, jamás!, y me moví. En este cambio tuve que aprender a ser una persona funcional, y creo que es un aspecto en el que me he esforzado demasiado. No me da pena admitir que fui un niño muy malcriado.

La Divaza única, inalcanzable e imperturbable aún no se había manifestado, pero ya daba muestras de su existencia.

Mi mamá nunca me dejó lavar un plato, y eso que jamás tuvimos personas de servicio. Pongo esto en un contexto mejor: vivíamos bien al principio, paulatinamente todo se fue al carajo, pero mi mamá conservaba la idea de que como la vida afuera estaba muy mal, cualquier persona que entrara a nuestra casa nos iba a robar, por eso ella se encargaba del quehacer sola; mi hermana no ayudaba, yo mucho menos, era un niño muy consentido. Mis tareas de la casa eran tal vez levantar un plato antes de encerrarme y ya. Pero cuando salí de ahí me tocó ver la realidad de... no poder pagar servicio doméstico en Estados Unidos, porque se me iba a ir toda la plata en eso, y luego ponerle orden a mi vida y mis cosas (porque me gustan el orden y la limpieza), me di cuenta de que debía aprender o simplemente no funcionaría. Ahora puedo tener a alguien que me apoya en ese sentido, pero aprendí y fue una ganancia personal (aunque no me gusta hacerlo y no lo haré, *sorry*, *not sorry*).

Soy una persona de pocos amigos, siempre he tenido tres mejores amigos de toda la vida. Con el tiempo me he convertido en alguien selectiva, porque en la medida que he ido creciendo, y dependiendo de cómo me trataban, me he dando cuenta de las intenciones reales y ocultas de muchos. También ha cambiado la forma en la que me relaciono. He intentado hacer a un lado que vengo de un ambiente tóxico donde muchas cosas estaban normalizadas, aunque no me gustaban las veía y ya, no les daba importancia, pero no es sano arrastrarlas conmigo. La Divaza me ha ayudado mucho a no ser tan introvertido, aunque en mi vida privada lo sigo siendo, pero poco a poco, yo como Pedro, he ido saliendo de ese caparazón, o me lo quito con más frecuencia que cuando era adolescente y solo podía relacionarme en el mundo virtual. Quizás a la gente le gusta ver al personaje y no conocen mis batallas como Pedro; no les pido que las entiendan, pero justo ahora transito por un estado de paz que yo mismo me he construido.

La actitud y la personalidad de la Divaza me han ayudado a alzar la voz en lo que realmente pensaba y quería, ella ha sido el impulso para salir adelante, desde conocer mi potencial y ver que soy capaz de reponerme de muchas adversidades (las que se ven y comparto y las que me guardo), de alcanzar el sueño que tuve desde muy chico y mejorarlo y moldearlo de acuerdo con lo que he querido, de conocer la resiliencia, ser más auténtico, afrontar los problemas de manera inteligente y desde un lugar seguro y conocerme mejor.

Chama, me he dado cuenta de que soy muy joven y he vivido muy deprisa. Quizá tú, cuando enfrentas situaciones difíciles, te preguntas por qué a ti, por qué te pasa eso, por qué las cosas que planeas no te salen como te hubiera gustado y la verdad es que no hay mucha explicación, la vida se presenta como es y uno toma las decisiones con lo que sabe y apuntando a lo que desea. Ese fue el caso de mis familiares y es el mío, por eso me parece importante habértelo platicado así. Cada día se escribe un capítulo nuevo en tu historia, dejas atrás algunas cosas por alcanzar otras, muchas duelen, otras siempre te dan felicidad, pero si no las vives entonces tu paso por aquí será muy aburrido.

Gracias por este reconocimiento público.

CAPÍTULO 8

UNA DIVAZA ENAMORADA

Me pregunto qué sería de mí si no viviera a través de mis emociones, de mis pasiones, si no llevara mis experiencias a otro nivel cuando me enamoro y me dejo amar. Lo que siempre supe desde chiquita era que quería una vida fuera de lo ordinario, y la Divaza lo ha hecho desde la pasión, como sus ídolas. También me he dado cuenta de que para mí es muy importante compartir, desde hace mucho comparto mi imaginación, mis gustos, mis sueños, pero también lo hago a través de las emociones, porque tú y yo aún no nos conocemos y quiero que te lleves algo de mí, mis consejos, mi risa, mis anécdotas; esas también son emociones y así es como se expresa una diva. Y ahora viene una de las reflexiones más impactantes de este libro: ¿te has enamorado?, porque yo tengo mucho que decir sobre eso.

Una diva siempre tiene una larga lista de amores, primero los que le inventan y después los verdaderos, como Marilyn Monroe o Madonna. ¿Cómo puedes ser única e irrepetible si no te has enamorado o dejado huella en otros?

En mis relaciones he sido muy caótica, he tenido muchos novios (como cinco o seis), y de todos he aprendido, porque las experiencias son para eso, si no, solo es tiempo malgastado. El amor es esencial para una diva, más para la Divaza, porque puede llegar a conocérsele por sus sentimientos. Chama, si el amor te impulsa a hacer cosas muy locas, como casarte con quien piensas que es el amor de tu vida, cambiar de país y tomar decisiones precipitadas, también puede ser el culpable de hacerte sentir muy mal y romperte en mil pedazos, pero vayamos poco a poco.

Voy a comenzar desde el origen. Como Pedro, siempre tuve autoestima baja, porque nunca pensé que fuese muy bonita, me sentía fea y creía que debía ser muy graciosa, porque eso era lo único que tenía. En la adolescencia experimenté problemas en la piel, chama, ya sé que eso se trata y tiene solución, pero aun así influyó en mi autoestima, a la vez que me hizo muy analítica de la realidad. Siempre he sido lista y por eso se afiló el sentido de darme cuenta cuando —hasta el día de hoy— alguien se me acerca por gusto o por interés, y me ha servido en momentos específicos. Por ejemplo: en fiestas, en un antro o en una aplicación para ligar; porque hay todo tipo de gente, desde la que dice que no te conoce, pero sabes que sí, la que no te conoce porque quién sabe en qué mundo vive, y otras que sí te conocen y no ocultan su interés, de esas hay que cuidarse. Esto, pienso, es más complicado en la comunidad gay, porque existen los mismos problemas pero en un entorno más reducido.

Mi mamá siempre me enseñó de chiquita que todo lo que te imagines puedes crearlo en tu interior y se va a materializar. Puede sonar muy extraño en el sentido de que nos han dicho que un sueño no se hace realidad así porque sí, pero sucede. Honestamente, yo no sé si Dios exista, más bien pienso que nosotros mismos somos Dios, porque nadie más que nosotros podemos dar vida, quitarla, tomar decisiones y materializar deseos. Esto lo he llevado a la práctica en algunas relaciones en las cuales he pasado el tiempo justo y he tenido el aprendizaje necesario, tanto para disfrutar, como para soltar llegado el momento.

He estado siendo una diva astrológica últimamente y los astros me han indicado cuál sería mi tipo de relación perfecta y con quién. Chama, ¿tú crees en eso? No importa si crees o no, son herramientas y vale la pena experimentar. En la que tienes que creer es en ti. Yo quedé en *shock* cuando me metí en el asunto de los astros, porque no estoy tan segura si el universo sabe con quiénes nos vamos a relacionar, pero sí que tiene un plan perfecto para nosotras y nunca sabremos en qué momento se va a presentar. Es más evidente cuando lo hace a través de un amor, porque si te llega un amor tan fuerte, ni modo que no te des cuenta de que el universo te dice algo. Solo procura tomar buenas decisiones.

Si hago mi *wishlist* del amor perfecto, para mí una persona tiene que ser divertida y espontánea, porque es lo que busco, ya que puedo ser muy loca y tomar decisiones impulsivas que alimenten mi esencia. No quiero a una persona que esté detrás de mí, sino que me acompañe y nutra esas experiencias y pueda estar al mismo ritmo que yo. Alguien que no tenga miedo de ser él mismo y que sea divertido, acepte y disfrute la diversión conmigo y también los momentos de paz. Una diva no puede conformarse con cualquier cosa, coño, ¡nunca se te ocurra ser conformista en tus relaciones! Además de apuntar muy alto en su estilo de vida; primero debe hacerlo con sus sentimientos, porque estamos acostumbradas a darlo todo y debemos recibir por partes iguales. Se pide madurez, por favor, para iniciar algo serio.

Tampoco quiero un *sugar* porque no tengo necesidad, pero me gustaría tener un compañero de vida en el sentido de acompañarnos, disfrutar y crecer juntos y eventualmente formar una familia: sí, pienso en mí casada de blanco. Honestamente, sí me veo de esa manera: con una relación sana, homoparental, en matrimonio con el hombre que amo, y algún día tener un par de carajitos bellos y famosos corriendo por ahí. Principalmente me interesa que mi amor tenga claras las metas y objetivos en pareja el tiempo que estemos juntos, que pueden ser meses, años, tal vez toda la vida, mucho o poco, pero tiempo de calidad y buenas experiencias. Sucede que curiosamente todas mis relaciones han sido con hombres mayores que yo, no viejos, para nada, pero sí con más experiencia y que saben de la vida. Si buscara a alguien de mi edad, estoy segura de que esa persona no habría pasado por lo mismo que yo, que no tendría la madurez que busco y a la larga me aburriría.

También hay que tener presente el asunto económico, que es tan importante como el sexual o el laboral, porque una no busca a un millonario (si llega, gracias, bienvenido), pero nos gusta lo bueno, para qué nos hacemos tontas; entonces que tenga capacidad para comprar sus cosas, porque me ha tocado mantener y no, a eso no regreso.

Y bueno, si tengo la relación y todo sale mal, puedo hacer una canción hablando del ex y monetizar, es válido y retroactivo. Opino que como una diva no pido demasiado, solo lo normal para pasar por una buena experiencia y porque lo merezco absolutamente todo.

Quiero compartirte momentos que quizá ya conoces y otros que no, porque ahora es la oportunidad. Como sabes, en casa con mis padres no tengo el mejor ejemplo de una relación sana llena de amor y tranquilidad, al contrario. Pero sé que es un modelo que no quiero repetir, porque para mí eso no es el ideal de una relación. Una sana es la que te aporta, como ya te dije, chama, que te impulsa y da bienestar, y he pasado por varias pruebas para darme cuenta de ello y escoger mejor; recuerda que una diva no tiene tiempo que perder. Para empezar, a veces una relación puede ser una lucha de egos horriiible, que no le deseas a nadie. Hay mucha gente del medio que está en relaciones y muestran tooodo de eso, desde sus momentos más bonitos en pareja (claro, puede que no sean 100% verídicos, pero venden), hasta cuando se agarran a los gritos y se exhiben antes de terminar o seguir juntos, porque son adictos a la toxicidad. O luego platicas con ellos en persona y crees que son súper intensos y resulta que no, que solo es parte de lo que quieren mostrar delante de una cámara o con sus demás amigos o familia, porque resulta que a los dos les gusta que se hable de ellos y cómo se llevan.

Yo pienso que cada una puede hacer lo que le dé la gana con sus relaciones, mostrarlas, tenerlas de manera discreta, como sea, pero siempre de mutuo acuerdo, por que qué pereza, chama, que tú estás trabajando en levantar tu carrera y en un pleito tonto con tu pareja este te grabe o se graben peleando y quedes de lo peor, exhibiendo cómo eres en esa relación que de por sí ya va mal. Cuando te dedicas a lo mismo que tu pareja, tienes que ponerle atención al asunto del ego, ¿eh?. Una diva no se deja, pero tampoco puede ser una peleonera. Hay caras buenas y caras malas y si decides mostrar ambas, te aconsejo que lo hagas con cuidado y responsabilidad, pero sobre todo sabiendo que puede haber consecuencias. Existen obstáculos, estás en la mira de los demás, quizás a ti no te guste y eso se convierta en un problema, así que lo mejor es hablarlo desde el principio. Cuando tienes una relación discreta y, por ejemplo, subes una foto en una playa paradisiaca y solo sale la mano de tu pareja, todo mundo te va a preguntar cosas, supondrán otras y en el fondo ustedes se estarán riendo de lo que una simple foto puede generar cuando eres discreto y de repente ya no. Lo recomiendo solo como un ejercicio de diversión, para que te des cuenta de qué tanto se fijan los demás, no en tu felicidad, sino en qué muestras que pueda ser similar a eso.

Cuando eres creador de contenido existe una línea muy delgada en cuanto a la exposición con tu pareja. Por ejemplo, yo tuve una relación con una persona que se dedicaba a lo mismo, entonces el *fandom* lo que quiere es saber cómo viven la relación, les entusiasma y tienen curiosidad, y eso puede funcionar. También es algo que podría aportarle dinamismo y otro enfoque a tu canal, pero hay que estar claras con que no a todo mundo le gusta la exposición, o qué tanto puede convertirse en un problema. A los dieciséis me sentía muy enamorada y pensaba que ya era el bueno, pero todo se complicó mucho y se acabó. Ahora viéndolo a distancia, la vida me puso ahí porque tenía varias lecciones reservadas para mí, pero con el tiempo me ha quedado la duda de cómo sería tener una pareja que se dedique totalmente a lo mismo que yo, quizá podríamos llevarnos muy bien y crecer juntos, o no, un fracaso total. Es peligroso involucrar los sentimientos en tu trabajo, pero pienso que si es recíproco, si hay respeto y una aspiración en común, se puede.

Las relaciones, como cualquier cosa importante en la vida, se transforman, tienen sus momentos buenos, otros no tanto (de ninguna manera hay que soportar *red flags* o dejar pasar cosas así), y se terminan cuando tienen que hacerlo, pero eso no debe reducir nuestra capacidad para amar, porque venimos al mundo a eso, chamas, a dar y recibir amor, a hacerlo, a disfrutarlo y vivirlo. Todo el tiempo hay que hacernos una serie de preguntas sobre si aquello es lo que queremos con esa persona en ese momento en particular, poner todo en la balanza y tomar decisiones de manera inteligente, porque la mayoría de las veces el cerebro es mejor aliado que el corazón en cuestiones sentimentales. Tu prioridad eres tú, en relaciones y en todo, y si no te sientes bien y plena, para qué seguir, si seres humanos hay muchos y vida muy poca.

Si estás en peleas constantes con una persona, eso te apaga y te frena, y quizá seas la última persona en darse cuenta, pero todos alrededor lo notan. Y también se nota cuando eres la otra, cuando te explotan, cuando abusan de tu confianza y tus sentimientos. Una relación es para construir y estar bien, no para terminar peor que como la empezaste. Chama, date cuenta: si no es ahí, ¿para qué te desgastas? Si el otro no va a dar lo mismo que tú, con perrrmiso, da la vuelta y vete sin voltear, vas a sentir cómo te liberas, y no pasa nada, puedes comenzar de cero con alguien que sí te valore y te trate como te mereces. Yo siempre he sido muy enamoradiza y aprendí rápido esta vaina del amor o lo que una piensa que es, por eso hazme caso, no me equivoco, y si tomas varios de mis consejos vas a disfrutar el amor, plenamente. Bueno, si no es taaan pleno como te imaginas, al menos te la vas a pasar bien y tendrás material para hacer tu vida más interesante.

Ahora también pienso en esas parejas que tienen diferencias de edad. A muchas les gusta una relación con alguien mayor o menor, porque así se sienten cuidadas o que cuidan, valoradas o que las valoran, dominadas o que las dominan. Como sea, cada quien es libre de estar con quien quiera, siempre y cuando haya respeto. Chama, pero tampoco seas una de veinte y agarres a uno de setenta, porque ahí como que está rara la cosa, pero si te gusta, pues quién soy yo para prohibirte. Creo que el respeto y el amor no tienen que ver con los años de diferencia, sino con la madurez y cómo asumes tu relación. No es un estigma o motivo de burla, siempre y cuando no te pases de la raya, ¿eh?, y te sientas en paz. Como te decía, yo me siento más identificada con personas mayores que yo, porque he vivido tantas cosas tan rápido que mi experiencia quizá no se corresponde con mi edad, y mi madurez es la de alguien que me lleva algunos años, pero eso es lo que pienso ahora, no sabemos si en unos años mi idea cambie de enfoque.

Y hay otros tipos de relaciones, pero no nos meteremos mucho en ese tema, porque las relaciones abiertas serán motivo para una charla más adelante y con otras historias que querrás saber, puede que en estas páginas o en otras. Volviendo al asunto que nos interesa, salir con varias personas no te hace mejor o peor, solo estás conociendo, siendo feliz, experimentando, y eso es normal: el amor también puede funcionar de esa manera, solo te aconsejo que lo hagas porque quieres y no porque alguien te presiona. Las decisiones de una diva las toma una diva, si te quieres casar cinco o diez veces, hazlo; si solo te gustan las aventuras, hazlo, pero cuídate. Hay divas como Taylor Swift a las que no les molesta enamorarse y vivir ese amor al máximo, componer canciones, ser felices y vivir el momento, aunque la sociedad diga que tienen un novio, y luego otro, y uno más en poco tiempo. No pasa nada si pierdes el miedo al qué dirán y vives tu amor con todo el corazón y todo el entusiasmo.

El amor es tan hermoso que no le veo sentido a privarnos de esa bonita y apasionada experiencia. Pienso en Marilyn Monroe, porque tenemos tanto en común ella y yo: ella fue maravillosa, yo quiero ser maravillosa; ella tenía el mayor *sex appeal* de la historia, y a mí como diva me gustaría seguir sus pasos; de ella se dijeron muchas cosas y muchos rumores, como de mí, y varios tenían que ver con la parte sentimental. Lo que no quiero tener en común es irme de aquí tan joven, porque justo ahora comienzo a ver el amor con más sensibilidad, equilibrio y ganas de compartirlo.

Por ahora puedo decirte que soy una diva que se siente bien, se siente plena, como tiene que ser; soy una diva que, como Madonna, ha vivido muchas experiencias y se queda con lo mejor para que el amor que da crezca, pero aprende las lecciones de las malas decisiones para no volver a caer en trampas del corazón. Yo no sé qué tipo de diva tengas en mente ser, pero trata de no perder el tiempo desperdiciando oportunidades o llorando por alguien que no vale la pena, recuerda que una diva siempre tiene que ser amada y sentirse empoderada.

CAPÍTULO 9

EXPECTATIVAS Y PRESIÓN SOCIAL

¿Conoces el caso de Demi Lovato?, ¿el de Britney Spears, que es mucho más sonado?, ¿los de artistas que están en el *top* del éxito y el cariño de sus fans y de repente sucede algo que las saca de control y caen? En ocasiones nos burlamos de ellas, las juzgamos, dejamos de seguirlas porque ya no nos dan lo que nos llamó la atención al inicio; sin embargo, no conocemos su verdadera historia, porque son silenciadas o no están en condiciones de contarla. Son divas que sufren y mandan señales sin poder pedir ayuda. Ahora te voy a contar cómo lo veo, porque la fama es un puente muy frágil que te puede llevar a la cima o del que puedes caer al barranco.

Redes y realidad son palabras que se parecen, de cierto modo, y a la vez son todo lo contrario. Mi vida también lleva esa dualidad: Pedro por un lado y la Divaza por el otro. La Divaza está en mi mente todo el tiempo, pero mi mundo también gira en torno a mí y lo que quiero como Pedro. Sigo siendo la persona que prefiere estar en su espacio, que se encierra horas a ver contenido de internet, que tiene opiniones sobre actualidad y política cuando es prudente, que es introvertida. Y aunque antes ese mundo digital era un escape, ahora es el universo que disfruto y al que voy por gusto todo el tiempo; tengo una vida organizada y estructurada de acuerdo con mi quehacer y mis responsabilidades, sin embargo, a veces me siento exhausto.

Este medio es fuerte, porque siempre tienes que renovarte. En estos diez años dentro de las redes sociales he visto de todo, ascensos y descensos, cómo repuntan ciertas plataformas y otras desaparecen, que tienes que ajustarte a lo que hay y lo que dicta el momento en el que estás o también te extinguirás, a pesar de que te guste mucho equis red y te sientas cómoda en ella. Puedes ser como Madonna, que comenzó como pudo y con todo su talento hizo y deshizo en cine, música, moda, *shows*, y ahora en las redes sociales. Su vida creativa ha pasado por tanto que en este momento podría no hacer ya más nada y seguiría siendo la más grande, porque tiene un largo camino detrás; o como Ke$ha —que la amo—, que la dio demasiado, sacó sus canciones muy arrechas, todo mundo la conocía, pero tuvo un problema y su carrera quedó estancada ahí, y aunque volviera quizá no lo haría con la fuerza que tuvo cuando todos la conocimos.

O como yo, que abrí camino. Divas hay muchas, pero Divaza solamente yo, la original.

En lo personal, como creador de contenido, Lady Gaga fue una de mis inspiraciones más fuertes. Ella *la rompió* desde el principio, hizo los mejores *shows* del mundo y todos querían ser como ella, porque tenía la mezcla perfecta de talento y *show woman*. Después salió con su faceta de lady, alta moda, muy fina, emprendedora del maquillaje y la moda, actriz, cantante de otros géneros; ella es el ejemplo de alguien que se ha reinventado para bien. Cuando vio que medio se estaba apagando, le dio la vuelta a su carrera y volvió a estar en el *top* y ahora hasta es ganadora de un Óscar. Ellas no pierden de vista que no hay que dejar de trabajar, porque el talento es importante, eso no se compra con nada, pero si no sabes cómo emplearlo ni usas tus cartas a tu favor, la gente te olvidará, porque hay cientos haciendo algo parecido a lo tuyo.

En internet pasa lo mismo, si quieres mantenerte vigente tienes que innovar, y está la presión de hacerlo y encontrar maneras, aunque sabes que puede llegar otra persona más arrecha que tú y que el gusto de los consumidores vaya hacia ese lado. Se nota mucho, porque antes no estaba sobresaturado el medio, y ahora hay muchísima oferta, como en su tiempo lo fue la televisión, pero ahí no teníamos tantas opciones, mucho menos en los países latinoamericanos. Cada creador es un mundo completo, puedes ver sus facetas, identificarte, y si no, lo dejas y pasas a alguien que te llame la atención. Pero hablo solo del internet, porque hay más cosas allá afuera, por lo que la "competencia", por así decirlo, crece.

Algo que me ayudó fue dejar de compararme con los demás. Cuando empecé lo hacía con frecuencia, aunque en realidad solo había como dos o tres que creaban contenido similar al de la Divaza. Ahora hay tantos, que no tengo tiempo de estar al pendiente de nada. Nos encontramos en un punto muy raro de la sociedad, porque hay personas con miles de seguidores que ya son famosas pero dentro de su círculo, y esa fama se hace tangible para muchas personas. Ya no es como la fama tradicional de la que se hablaba antes, y no es que esté mal, para nada, porque ha sido el medio que me ha dado todo, como a muchos, y justamente por eso pienso que es más complicado mantenerse auténtico y fiel a la esencia. Me ha pasado que en la parte práctica de la vida, por ejemplo, trámites y cosas así, me preguntan cuál es mi profesión y, cuando contesto que soy *youtuber* o creador de contenido, me ven raro, es muy fuerte porque hay mucha gente que no lo siente como una profesión real o que deba tomarse en serio. Evidentemente es una profesión más, con sus pros y sus contras, y en la medida que tenga más exponentes pienso que se "normalizará", y eso hablando de México, porque si lo dijera en otro país pudiera sonar aún más raro.

Sobre los creadores de contenido recae mucha presión. Eres visible todo el tiempo, la gente espera que hagas cosas extraordinarias a cada rato, que des la nota, que hables de cualquier tema y polémica, que des de qué hablar en tu vida personal, y a la larga todo es cansado. No me quejo, porque yo escogí hacer esto, me encanta, lo disfruto y me ha dado grandes satisfacciones y la vida que siempre quise, pero sé que si no mantengo la serenidad puedo quebrarme. Cualquiera podría decir que es fácil, podrían hacerlo estando en mi posición, no lo dudo, pero no solo se trata de estar aquí con millones de seguidores y vistas, sino de haber hecho el camino para llegar y permanecer. Hoy lo comprendo con mayor madurez, porque también fui un niño de doce años que veía contenido de otros y quería eso, y al mismo tiempo lanzaba *hate* por fastidio o ignorancia. Ahora de este lado comprendo que si dos creadores de contenido no se llevan muy bien, la pelea crece por quienes están detrás de la computadora sumando comentarios.

Estar en redes sociales ha sido un proceso que ha involucrado muchos aspectos de mi vida. Mi entrenamiento anti *haters* me lo di yo solo, porque ya sabía cómo hacer oídos sordos. Mis primeras oportunidades me las busqué por mi cuenta, mi capacitación y aprendizaje de redes sociales y creación de contenido fueron en mi habitación en Venezuela y pude, pese a todo, construir mi carrera. Hay días en los que estoy cansado, sí, como cualquier gente; hay días en los que me entusiasmo mucho, que me siento más diva que Pedro; otros en los que escojo la tristeza, porque también es un estado natural del ser humano; otros en los que canalizo esos sentimientos de forma creativa, y así sucesivamente. Ser una persona pública tiene muchas bondades, las agradezco todo el tiempo, pero también es difícil, y lo que más me gustaría para hacer amable este mundo virtual y real es que hubiera más empatía hacia quienes nos dedicamos a esto. Tenemos derecho a sentirnos como queramos, necesitamos esa libertad.

Una parte muy sensible de estar expuesto es que tu *fandom* te respalda, pero mientras más crezca ese *fandom*, también más *haters* hay. Cualquiera podría decir que critican por envidiosos, escondidos detrás de una computadora o un teléfono y no son nadie, solo insultos, y en parte es verdad, pero tantos insultos hacen daño, chama, hieren, y no es justo que así sea. Cuando un creador de contenido es sensible, esto le afecta, y me dirás que entonces para qué se mete en un medio que de por sí es áspero, si no se va a aguantar, y aquí te digo que no tendría que aguantarse, pero es un equilibrio entre hacerles caso y no.

Ahora te cuento mi experiencia. Al crecer mis números y por el tipo de contenido que yo hacía, llegaron los *haters*, pero conmigo pasó algo muy curioso que más o menos he dicho aquí: como empecé a grabar videos en el colegio, desde entonces tuve burlas, así que aprendí cómo lidiar con eso muy temprano. No les hacía caso y seguía mi camino, lo que ha sido una muy buena herramienta. Ya habrás visto que en algunos de mis videos leo esos comentarios y yo también me burlo de ellos, porque si ya se burlaron de mí, pues que se aguanten. Y no es que responda una violencia con otra, simplemente así les demuestro que sus insultos valen unas cuantas carcajadas y que los ridículos son ellos, no una que se gana la vida así, y que para nada le ha ido mal. Una diva inteligente y arrecha.

Y también tenemos derecho a expresarnos como nos guste. Una diva llega a romper tabús y lo estamos haciendo muy bien.

Yo he tratado de llevar mi carrera con mucho cuidado y respeto, porque he aprendido sobre la marcha, y la cultura de la cancelación es algo muy peligroso hoy en día. Mi contenido de por sí está cancelado para ciertos grupos en la sociedad, pero porque son intolerantes, no les gusta lo que hago, lo ven mal, a saber; están en su derecho de no consumir, pero de eso a intentar censurar una opinión, hay una gran diferencia. A pesar de que no me apego al término de la cancelación, no lo siento como algo totalmente tonto o innecesario, porque si una persona transgredió a otra o a cierto grupo, claro que debe haber algún tipo de sanción y tendría que hacer un trabajo de reflexión acerca de por qué eso es perjudicial. Para mí la cancelación debe ir más por ese lado que por hacer como si eso no existiera, porque al final es darle vida.

Creo más en las oportunidades de reivindicación para aprender de lo que uno hace y volver mejorado y renovado, si el regreso vale la pena. Y claro que hay niveles, a veces la gente dice cosas estúpidas al calor del momento y todos piden su cancelación, pudiendo aceptar las disculpas y que se dé cuenta de que ciertos comentarios no tienen lugar, pero negarle la oportunidad de ser responsable, aceptar el error, reflexionar y reparar el daño es una salida rápida que no aporta mucho para erradicar esas conductas. Con Taylor Swift sucedió cuando tuvo un problema con Kanye: la gente tomó el bando que quiso, ella recibió mucho *hate* e intentaron cancelarla. Taylor analizó cuál era su situación e hizo algo al respecto en su debido momento, sin perder credibilidad, porque se expresó a través de su música. Esas son formas inteligentes de afrontar la situación sin alimentar las provocaciones. A los creadores de contenido nos sucede lo contrario, siendo que somos más viscerales y explotamos, porque contamos con la mejor y la peor herramienta al alcance de la mano: un dispositivo con internet.

Considero que he tenido muchos momentos en mi carrera en los que he hecho cosas equivocadas. Más bien, he tomado malas decisiones o fuera de tiempo, pero de todo he sacado un aprendizaje. Lo más fuerte que he pasado creo que ha sido la deportación, y por asuntos migratorios que no tenían que ver con una falta en mi conducta que atente contra otros. La presión siempre va a estar cerca, algunas veces sé cómo manejarla, otras no, simplemente me dejo llevar, respiro, me tomo un tiempo y continúo. Que esto no lo sepan los seguidores es normal, ¿por qué tendrían que saberlo si corresponde a la vida de Pedro, mi vida, en la que siempre he encontrado la manera de salir adelante?

La gente se me acerca por mi personaje, no conocen a Pedro (creo que en este libro es lo más que me he abierto sin la careta de la Divaza), pero sí a la diva y me gusta mucho, me encanta cuando lo hacen. Me acostumbré desde Habbo y por eso ahora no me causa conflicto que si me ven en la calle me paren para pedirme una foto, que les firme algo o me pregunten cosas de mi contenido. Al principio, en el colegio, lo usaban como burla, se reían de mí porque ya era visible en las redes sociales, por eso conozco el *hate* desde siempre y tengo mis estrategias para manejarlo, pero al día de hoy es lo mínimo, casi siempre lo que recibo son muestras de cariño y eso es muy bonito, ¿sabes?: que alguien a quien nunca he visto se sienta identificado con lo que hago, con un tema que toqué, que le dio risa una anécdota que conté, que le di un buen momento cuando a lo mejor se la estaba pasando muy mal. También cuando quienes se acercan son personas que realmente consumen el contenido y lo hacen con gusto, así como se nota si solo llegan por alguna polémica en redes y te ubican de eso, pero en este medio estás expuesto a todo, eres una persona pública, lo inteligente es saber cómo lo vas a tomar, qué tanto va a influir eso en tu vida privada.

El acercamiento de las personas se nota más en otros países que en México. Aquí salgo *random* a cualquier lado y me ubican uno o dos, o más, no lo sé, se nota por cómo te ven. Pero a veces ni en cuenta, siguen con su vida y yo con la mía, pero en Colombia, Perú, Venezuela, quizá porque tienen menor densidad de población, el contacto es diferente, se acercan todo el tiempo, te dicen, a veces te jalan, pasa de todo. Con el tiempo he llegado a la conclusión de que el internet es como un salón de clases y ahí conviven todo tipo de alumnos: están las populares, las calladas, las deportistas, las chuscas, las bonitas, las envidiosas. Y nada, creo que el salón de clases en Venezuela está en la planta baja, al fondo, o en el sótano, y no tiene que ver con los consumidores, sino con la mala leche de algunos creadores de contenido que, sin más, decían que muchos *youtubers* éramos gente del gobierno y que nos pagaban por promocionar volver a Venezuela. Cualquiera que conozca bien mis redes sabrá que nada que ver, pero en este salón de clases abundan los *bullies* y también una tiene que saber cómo hacerles frente para que dejen de decir tonterías.

Mi trabajo siempre ha sido ser la Divaza de tiempo completo, y desde hace unos años es un trabajo mucho más serio. Comenzó como una aspiración, pero ahora ya hay un plan detrás, hay responsabilidades: soy un creador de contenido consolidado en las plataformas y eso ha cambiado mucho mi forma de pensar, me ha dado madurez antes de lo que creía. Una cosa es que se trate de un *hobbie* y otra todo lo que implica que se haya convertido en tu principal fuente de ingreso, y hay una línea muy fina entre disfrutarlo y hartarte porque solo ves el lado negativo de las responsabilidades. Yo amo a la Divaza porque soy yo, me sigo divirtiendo en cada video, historia y publicación de ella, y lo bueno del internet es que con tanta apertura puedo hacer otras cosas sin dejar por completo la línea que me interesa.

Siendo tu propio jefe puede ser muy sencillo dejarte llevar por el momento: que un día te sientes súper productivo y quieres grabar veinte videos porque te sobran las ideas, y al siguiente solo tienes ganas de encerrarte en el cuarto y ver tres temporadas de *Gossip Girl*. También eso es importante y una ventaja de ser tu propio jefe, trabajar a plazos y con proyectos que te gusten, que equilibres varios aspectos de tus actividades para no perderles el gusto, como sucedería en un trabajo convencional. Ahora tengo la opción de hacer más cosas, me muevo en esa comodidad, pero también podría ser muy peligroso para la gente que no tiene control de su tiempo y posterga, o simplemente no quiere generar contenido interesante, pasan por alto que la audiencia llega rápido y se va rápido, que el verdadero reto es mantenerla contigo. Es muy fácil para uno hacer lo que quiere, sin embargo, hay que estar claros de qué es precisamente a lo que aspiras y si eso que haces te va a ayudar a conseguirlo en un mundo tan competitivo.

Cuando tienes un trabajo convencional de 9 de la mañana a 5 de la tarde, te desconectas a las 5 o 5:10 y se acabó. En cambio, siendo tu propio jefe debes ser una persona muy consciente y estructurada para respetar los plazos, porque de otra forma, o vas a trabajar de más y nunca tendrás calidad de vida fuera de lo laboral, o no cumplirás con los plazos y metas, porque procrastinar es sencillísimo y muy tentador. En mi caso, siento que trabajo las 24 horas: veo TikToks y pienso que tengo que hacer algo así, que debo innovar tal cosa en mi contenido, que convendría aprenderme un baile, que llevo una semana sin subir nada, y tengo-tengo-tengo, es cansado. Lo mismo sucede con los viajes, aunque sean por placer y para desconectar, algo sucede en mi mente que, como la creatividad no descansa, imagino más posibilidades para la Divaza. Desde chiquito me acostumbré a sobrepensar y mi cerebro no se desconecta de la Divaza, de mi canal de YouTube y de mi yo como creador. Eso está bien, por un lado, porque siempre soy productivo, no sufro a la hora de crear contenido; y por el otro, al día de hoy que mis redes son mi trabajo, dentro de mí almaceno un montón de información que después debo sacar en forma de contenido digital.

Como diva, doy fe de que se necesitan momentos de esparcimiento para no colapsar y ser una chusca más que se cae del podio, coño, una se cansa de ser el centro de atención desde que abre los ojos por la mañana.

La personalidad de Pedro ha cambiado un poco a través de la Divaza, pero hasta la fecha me da mucha ansiedad social cuando se trata de hablarle a la gente. Vas a decir que cómo, si me dedico a eso; sí y no. Sí, porque mi plataforma número uno es YouTube, grabo videos la mayoría de las veces en mi cuarto y solo y los comparto cuando me siento seguro; (y no) porque precisamente estoy acostumbrado a la privacidad, lo más cómodo para mí es grabar y editar todo el tiempo, no improvisar. Por eso se me hacía tan raro familiarizarme con el concepto de hablarle a alguien, de transmitir en vivo, no porque me falten las ideas, sino porque mi estilo creció de cierta manera, pero he tenido que hacerlo porque como creador de contenido tienes que ser como Kim Kardashian: te adaptas a lo que hay y pruebas, si no te gusta, no importa, ya lo hiciste y puede que después encuentres algo en ese formato que te llame la atención.

Sé que es muy impactante cuando eres fan de alguien porque lo conoces como personaje de ficción, o lo ves en televisión e internet y después tal como es en la vida real. Yo soy Pedro, y siendo yo no grito a cada rato ni hablo como cuando estoy en mi papel de Divaza; hay gente que es igual cuando está frente a la cámara que cuando está detrás, y yo soy todo lo contrario: cuando llego a un lugar soy muy tímido, pero cuando me encienden la cámara la situación cambia. O la otra cara de la moneda, que la mamá o el marido es quien le dice qué hacer y qué decir al creador de contenido, le preparan a la *influencer* el guion y ella solo tiene que seguirlo. Yo soy Pedro y soy auténtico, así de simple. Quizá se decepcionan porque esperan que me presente con los gritos de la Divaza y eso no sucede, pero yo lo veo más divertido, me gusta cómo reacciono en cada una de mis facetas.

Mi interés es hacer la mayor cantidad de proyectos que pueda, siempre y cuando sean de mi agrado y no pierda la libertad de decir que no a lo que no me gusta. Quiero que mi nombre perdure y lo relacionen con algo positivo, con un creador que aportó sonrisas, pero también información, momentos importantes para la audiencia, porque al final nosotros los creadores de contenido somos quienes obtenemos su tiempo y atención. Esta carrera es de un intercambio constante, si no, no se crearía comunidad, y creo que la mía es de las mejores. Me inspira pensar que en unos años van a mencionar mi nombre y habrá alguna reacción positiva, y así como los programas de televisión y la música me ayudaron cuando más falta me hacía, desearía que algún niño o niña dijera que le inspiré a sentirse mejor con quién es y a no abandonar sus sueños, porque al día de hoy yo no he abandonado los míos.

Por eso es importante ver todos los lados de esto, entender que un artista da lo que puede porque le gusta y para complacer a su *fandom*, pero es lógico que haya días buenos y otros malos, momentos en los que sienta que va a reventar y nosotros podamos ser respetuosos de ello. Que si esperas que siempre tenga música nueva, sea sencillo, amable y sonría, es probable que lo haga si recibe lo mismo, si hay respeto y se le valora como lo que es: un ser humano que pone todo su corazón en ofrecerte algo que pueden compartir. De nosotros, el *fandom*, depende mucho que eso suceda.

CAPÍTULO 10

UN CONTENIDO NO CONVENCIONAL

Chamaaa! Al momento de leer estas páginas no sé cuántas somos en la comunidad, si diez millones, veinte, cien, no tengo idea; tal vez ya estoy en Los Ángeles cumpliendo un sueño más, en colaboración con Selena Gomez o Lady Gaga, haciendo mi propia versión de *Pretty Little Liars*, o en un rascacielos en Dubái, porque una tiene que estar en los mejores eventos sin importar que sean del otro lado del mundo. Eso sí, te apuesto a que seré, como todos los días, una diva triunfadora. Es obvio que una vez que entras al mundo de la Divaza tienes que quedarte ahí, y varios millones de seguidores lo confirman. Me encanta el contenido que creo, porque hasta el día de hoy sigue siendo auténtico para mí, no es una moda, no es una tendencia a la que quiera subirme porque necesito seguidores. No, la Divaza muestra su esencia sin que alguien le marque pautas.

Si hoy piensas que tu camino está en expresarte como yo lo hago, ¡hazlo! Hay mucho para todas, pero sé única e irrepetible, esa idea me dio la esencia que buscaba y te ayudará a encontrar la tuya. Chama, a mí me llena de orgullo ver cómo lo que hago es recibido por tantas, el cariño, las ideas, a veces la polémica, todo se disfruta, por eso sigo aquí, creciendo y dando más cada día. En este arcoíris de tantos colores hay muchas personalidades y formas de vida, de gustos e identidades, por eso es importante verlas, respetarlas y reconocerlas. Mi historia apenas comienza, por eso quiero contarla a mi modo, que no es nada convencional: aquí conviven los temas que a todas nos interesan, la fantasía, la búsqueda de la felicidad y muchas veces las caras distintas de la fama; el brillo de mi comunidad, que siempre ha sido hermosa, y los momentos que también me hacen vulnerable, como a todas. La Divaza es lo que siempre soñó ser.

Pero nada de esto surgió porque sí. Aunque pienses que como soy única haya nacido de la inquietud de que todo el mundo viera lo arrecha que soy y cómo nadie puede ser igual a mí, el origen va más allá de lo que se ve. Lo que yo consumía de niño me dio identidad y fuerza, me hizo sentir parte de algo importante, me ayudó a reconocerme y entender que no estaba solo, a pesar de que en mi mundo únicamente estábamos la computadora y yo; entendí que había más gente sintiéndose de la misma manera en ese momento, podían estar cerca de mí o a miles de kilómetros, aun así nos acompañábamos. La Divaza en tierna, ¡pues sí!, porque surgí de una mezcla de sentimientos y de la necesidad de compartirlos. Al día de hoy pienso que si mi contenido significa eso para alguien, tengo todo lo que una vez soñé y he dejado brillo en los demás.

La Divaza no despertó de repente; no, mi ciela, se formó de una manera muy bonita, pero no sería un *alter ego* que se quedara oculto y apareciera a conveniencia o en momentos clave. Simplemente necesitaba existir. Cuando salí del clóset y mi canal apenas tenía 150 mil suscriptores, no estaba pensando en el *hate* que me llegaría, para nada, más bien en que ese video sería una liberación emocional de tantas cosas que tenía encima, y para mi sorpresa recibí muchos comentarios de personas que estaban en la misma situación, de mamás que habían comprendido lo que sus hijos les querían decir, de niños que no sabían cómo explicarles a sus papás y por fin pudieron hacerlo, de hermanos que entendían mejor a sus seres queridos, porque me escucharon y era como si escucharan a sus propios hermanos. Esas reacciones valieron mucho más que uno que otro comentario malintencionado, porque las personas LGBTQ+ existimos, tenemos sentimientos, nos pasan cosas, queremos ser escuchadas en lo importante como cualquier otro ser humano que necesita expresarse. ¿Acaso nuestros sentimientos valen menos? ¡Nunca!, y ese ha sido mi mensaje y mientras la Divaza tenga voz lo seguirá siendo.

Yo soy parte de esta comunidad que me ha brindado mucho. Quiero que los niños de ahora entiendan que no somos como se nos pintaba en la televisión hace unos años, con esos estereotipos con los que se mofaban de nosotros y nos ridiculizaban. Y no solo los niños, que los adultos que aún tienen un pensamiento cuadrado rompan esa armadura tan rígida. Podemos decirle adiós a la m@r!c@ mala que se cree Regina George en intrigosa y vive humillando a la m@r!c@ pobre como si las dos no pudieran hacer comunidad. Esos conceptos tóxicos pueden ir quedando atrás si respetamos todas las identidades a través de la diversidad. Soy consciente de que hemos avanzado a pasos agigantados en el respeto hacia nuestra dignidad, y ese esfuerzo ha venido de nosotros, de levantar la cara delante de cualquiera que pretenda humillarnos, de decir basta a la homofobia y a la transfobia. Quienes pertenecemos a esta comunidad podemos cumplir sueños como cualquiera: la Divaza lo hizo, Pedro también, teniendo muchas cosas a favor, pero la mayoría en contra. Las personas LGBTQ+ no estamos aquí para irnos, sino para existir.

Tengo una cantidad bastante importante de suscriptores que me siguen desde hace tiempo, más los que se van sumando. Intento "educar" a mi audiencia (y digo "educar" porque no se me ocurre otro término que lo describa) con algo que es muy necesario, siempre a partir del respeto y la información. Yo creé mi propio medio, por lo tanto decido qué comparto y de qué forma hablar de ello. Podría ser como otros creadores, que hablan de política porque les están pagando, aunque en realidad ni les interesa o no han vivido situaciones de riesgo y dicen cualquier tontería solo por convivir. Afortunadamente no tengo necesidad de hacerlo; de lo que sí tengo es de expresarme con toda la libertad que me da mi medio. Pero esta soy yo, chama, y no señalo ni repruebo a quienes lo hacen, son sus canales y tienen sus gustos y criterios para compartir lo que les venga en gana. Yo soy coherente y estoy segura de que es un motivo para que día a día se sumen más personas a mis redes. Mi comunidad merece estar informada, saber que el Día de la lucha contra la Homofobia, la Transfobia y la Bifobia es en mayo, pero no tiene que ser solo ese día; o que el *pride* se conmemora y celebra en junio, pero no nos extinguimos a fin de mes ni somos mercancía o motivo para quedar bien, ¿sabes?, llevamos décadas de lucha y no nos detendremos. Vale la pena decir que muchas personas abrieron camino antes que nosotras y ahora no se encuentran aquí, pero estarían muy orgullosas de ver lo que se ha logrado. Mencionarlo constantemente también es tenerle un respeto a la comunidad y no dar por hecho que todos lo saben, sino abrir el diálogo para enriquecer el conocimiento de cada uno y que esto nos lleve a ser más empáticos.

Lo mismo sucede con el feminismo, que no es mi tema, por el simple hecho de que no soy mujer ni me identifico con el género, pero tengo una audiencia importante a la que el tema puede llegarles por primera vez, si es que no saben de qué se trata y a quiénes seguir para conocer mejor y de primera mano por qué hay tanto miedo, que es un miedo similar al que experimentamos la comunidad LGB-TQ+ cada vez que sabemos de un atentado contra una de nosotras o por el simple hecho de existir. Si desde los nueve o diez años un niño ya ve mi contenido, y no solo la parte divertida, sino que le da un vistazo a las situaciones que son preocupantes pero pueden tratarse, desde esa edad entenderá que el respeto es un valor esencial para preservar la vida, por lo tanto respetará al que no es como él, no le verá nada raro, sus prejuicios se reducirán. Las redes sociales son entretenimiento, sí, por supuesto, pero también uno de los medios de comunicación más fuertes que tenemos. Hemos visto el alcance de compartir información y generar un cambio, incluso en las leyes, son una herramienta que bien empleada puede darnos un poco de luz en temas importantes para la construcción de una sociedad mejor, que al final es lo que todas buscamos, y al día de hoy no podemos hacernos las locas con los temas que de verdad nos competen.

Asumir la identidad también es así, se pasa por un largo proceso porque, al menos como a mí me tocó, nadie me enseñó cómo debía ser. Chama, imagínate que de carajito le contara a mis papás mis inquietudes. Ahora que sabes cómo eran, ¿crees que me hubieran orientado o por lo menos comprendido? Y así como yo, te apuesto a que muchos no entendían quiénes eran y por qué sus gustos no se ajustaban a los de otros, porque vivían en situaciones similares o más difíciles que la mía, y no tenían el privilegio que muchas gozamos ahora, comenzando por el de la libertad. De chiquita, la televisión me orientaba, buscaba información en internet, nadie se sentó conmigo a resolverme las dudas ni me dijo que habría días en los que podría sentir una parte de mí más fuerte que otra, que quisiera ver aspectos de Pedro y otros de mi *alter ego* femenino, y está bien, es normal, porque la identidad puede ser tan fluida como una se sienta cómoda. En este momento, con el internet y las redes sociales, poseemos muchísima información, pero también hay que ser selectivas y escoger qué nos aportará conocimiento. Es importante abrir los ojos, la mente y el corazón y comprender que nada nos invalida y todo convive en nosotros: sentimientos, gustos, preferencias, inteligencia, somos la suma de lo que se ha desarrollado dentro y lo que expresamos por fuera, que nunca se mantiene estático.

Sucede algo similar con el lenguaje incluyente. Yo soy una creadora de contenido que pertenece a la comunidad LGBTQ+, sin embargo, no me he apegado al lenguaje incluyente porque siempre he sido la Divaza, mi cerebro no lo registra de otra manera, y por costumbre a todo le pongo LA: la carro, la Coca, la arrecha, siempre ha sido mi manera de hablar, así nací. Entiendo que a muchas personas no les guste el lenguaje incluyente, está bien, están en su derecho, chamas, no vengan a fastidiar a las que sí, pero lo bonito del lenguaje es que está vivo y cambia con el tiempo y con las necesidades de la sociedad. ¿Para qué fiscalizarlo?, ¿no les da pereza poner caras cada vez que oyen un todes? El español tiene muchas formas de comunicarnos, y un asunto de respeto es visibilizar al que quiere que lo nombren de forma incluyente en una conversación. El respeto tendría que ser hacia él y lo que prefiere, por encima de las reglas gramaticales que pueden usar a la hora del examen, o no, porque a veces ni su nombre escriben bien, no se hagan las mojigatas de la Real Academia. Yo paso de él a ella, de él a la todo el tiempo sin ningún problema, coño, hay que dejar que cada quien escoja sus pronombres.

Y bueno, ya que sabes por qué a Pedro y a mí nos gusta esta vaina de compartir muchos de nuestros pensamientos en un contexto LGBTQ+, es porque ¡eso somos!, y no estamos dispuestas a que intenten callarnos o censurarnos. Y si tú tuviste la inteligencia, inquietud, curiosidad o morbo para leer estas páginas, ¡felicidades!, lo estás haciendo de maravilla y ya no cometerás el oso de preguntar por qué tanto LGBTQ+ por aquí y por allá. Es más, chama, saldrás de esta lectura más empoderada y arrecha que nunca.

Ten por seguro que cada palabra que he puesto aquí y como he contado mi historia es para que veas que el mundo de una diva es maravilloso pero complicado; sin embargo, tenemos la fuerza para pasar a la historia así: rompiendo esquemas y siendo felices. Yo quiero que tú también seas una diva feliz y ayudes a otras divas a que también lo sean, porque tenemos más cosas en común de las que te imaginas, como las que yo tengo con Ke$ha o Beyonce: somos fuertes, creativas, tenemos un gran corazón y nuestro nombre llegó para ser repetido por quienes nos aman (y por quienes digamos que no tanto). Algún día seremos recordadas por abrirle camino a más soñadoras, siempre con la frente en alto.

Cuando me preguntan por qué la Divaza es así y por qué abandera su identidad ante la comunidad LGBTQ+, les respondo que me gusta ser una figura de apoyo. Cuando era adolescente y no tenía a nadie con quien hablar, mi refugio fue el internet, todos mis referentes venían de fuera y ahí encontré lo que buscaba. Quiero que sepas que nada de lo que sientes está mal, no está mal ser como eres, tener dudas, pensar y sentir así, tampoco definirte o mostrarte solo por presión. Los sentimientos también se descubren y se desarrollan, date tu tiempo y busca tu espacio; quiero que sepas que nada está mal contigo como para sentir vergüenza. Vivimos en un mundo en el que aún falta mucho por hacer pero hay más aceptación, porque hemos conquistado espacios y derechos que nos corresponden. Nuestro colectivo lo formamos tantos y tan distintos, con diferentes causas pero a la vez la misma, y cada una de nuestras voces es importante. La vida libre es un derecho y también un privilegio. Si quieres salir a celebrar quién eres, bravo, alza la voz, tienes una comunidad que te respalda; y si no quieres salir, también esa comunidad está contigo, lo estará cuando la necesites, en este momento no estás solo. Quiero que sepas que en mí tienes a una persona que pasó por mucho y te abrazo con mucho amor donde quiera que estés.

CAPÍTULO 11

COLABORACIONES Y COSAS QUE REINVENTARÍA

Dedicarse a las redes sociales es como ser tú misma pero a la máxima potencia: todo se viraliza, se convierte en escándalo porque las personas lo sacan de contexto; una opinión te puede dar muchísimos seguidores, pero un pleito puede hacer que tus números revienten y des de qué hablar o te castiguen y tu carrera se convierta en polvo. Por eso se cuida lo que se dice y también lo que no, con quiénes te juntas y con quiénes entras en polémica. Y llegamos a una parte esencial de este libro lleno de confesiones, porque todos me preguntan qué hay detrás de colaborar con algún famoso. Chama, tengo una verdad absoluta: las colaboraciones no siempre son lo que parecen. Fuertes declaraciones. Pero vayamos al principio.

Como todos saben, yo era muy niño cuando empecé a hacer videos, y en esa época comencé con las colaboraciones con gente que no era de la comunidad de *youtubers* de Venezuela, básicamente porque sentía que no *la daban*, no me había identificado con un grupo o alguien en particular, por mi forma de ser y mi contenido, y aunque estaba empezando, tampoco me gustaba hacer contenido a la fuerza; ese aprendizaje lo tuve casi desde el inicio. Si tú vas a hacer una colaboración con alguien, puede ser por dos cosas: que se sigan en internet desde hace mucho tiempo y sea chévere que por fin se conozcan y haya química, o que te la ofrezcan y sepas que puede beneficiarte. Ninguna de las dos está mal, al contrario: si las cosas se dan, qué bueno, pero que sea una gente que no conozcas es raro, se ve medio falso, se nota cuando solo es por compromiso aunque delante de la cámara lo hagas muy bien.

Mi primera colaboración con otros creadores fue muy especial y la recuerdo con cariño, sucedió cuando hice mi primer viaje como *youtuber* a Israel. Fue un momento muy lindo, a mis dieciséis yo estaba en mi casa haciendo videos y de repente me llegó la invitación y con ella tuve acceso a muchas cosas que eran desconocidas para mí, comenzando por relacionarme con personas del medio. Ahí conocí a varias, entre ellas a Sheryl Rubio, a Alejo y a creadores de Chile y otros países. Siento que en ese momento comenzaron muchas cosas importantes para mi carrera, abrí el mundo a personas y situaciones que me darían experiencias y aprendizaje. Y me hace sentir arrechísima que sin tener mánager o alguien que manejara mi carrera, me buscaran porque mi contenido les decía algo, o por lo menos les sacaba una risa, y eso tiene que ver con que desde el inicio me mantuve fiel a mis gustos y esencia.

En Israel, cuando grababa en el viaje, la interacción con Alejo se volvió viral e hicimos planes para grabar después, visitar otras ciudades y países, y conocer a Jaramillo, que era el otro *youtuber* LGBTQ+ grande en ese momento. Después vino la colaboración entre los tres, que me ayudó porque yo era conocido en Venezuela y Colombia, pero expandí mi presencia entre la audiencia de México y Argentina, y estar con ellos me abrió las puertas. Me dio la oportunidad de hacer algo diferente y alcanzar más público. Todos ganamos, porque grabamos varios videos, los consideré muy amigos en su momento y hasta la fecha, aunque ahora cada quien anda en sus propias cosas. No me daba cuenta, porque a veces una es distraída, pero había poco material LGBTQ+ en redes dirigido a una audiencia como la nuestra y lo que hicimos fue muy fresco, por eso tuvo tanto impacto. Algo que sucede con las colaboraciones es que llegan pues ambas partes siguen la carrera y los pasos del otro; muchas porque se dan en ese momento si eres muy amigo de la persona con la que grabas, se encuentran y es muy bonito, pero si no hay una amistad real de por medio, siguen siendo amistades de internet; pero es diferente a cuando viven en el mismo lugar e interactúan todo el tiempo, como me sucede con la Jose, que es mi amiga de toda la vida.

Estando en Venezuela, mi carrera creció, los seguidores aumentaban y comencé a ir a eventos. Como te conté, salía del país, me invitaban a clubes con *youtubers* y conocía a más gente, aunque no colaboraba con ellos más allá de grabar alguna historia. Mi finalidad no era vivir de invitar a uno y otro a mis redes, porque yo no era presentadora, cuando sucedía era chévere pero estaba más concentrada en crear contenido propio. Las colaboraciones también pueden ser proyectos a mediano y largo plazo, con el tiempo la audiencia ya te relaciona con ciertos creadores, como me sucede con mis amigos de siempre, porque hay química y más cosas en común. Por eso hay que diferenciar cuando es una aparición o colaboración *random* o si hay una relación de amistad más allá de promocionar tu proyecto.

Hay muchas cosas detrás de las colaboraciones formales: se firman acuerdos y contratos, hay un plan de sacar videos el mismo día o con poco tiempo de diferencia entre un creador y otro, hay pactos que se cumplen, incluso en los *teams* famosos. No todo es de buena onda, algunos se juntan, graban y se van; pero si tú grabas con tu amiga de siempre, es mucho más natural, si les va bien y te sigue el *fandom* del otro y tu *fandom* ayuda a tu amigo, súper bien, chévere, no todo se hace para sacar un provecho económico, pero si sí, qué bueno. Con Nicole, a quien sí considero mi amiga, grabar juntos se dio de una forma muy natural, fui como su hada madrina, porque entonces no era que ella grabara videos. Yo le propuse que lo hiciera porque en aquel momento YouTube era lo que la estaba *dando*, hicimos una primera colaboración, que se dio de forma espontánea y funcionó. Creo que pude aportarle algo valioso y no fue con el afán de sacar provecho, la diversión y la amistad eran lo principal.

De esos tiempos me quedo con que era muy bonito el sentimiento de dar ideas y pasárnosla bien, por eso sigo haciendo videos con la Jose, con Nicole y con mis amigos cercanos, porque son amigos de verdad. Cuando Nicole estaba viviendo en México, yo me la pasaba mucho con ella y Dosogas, otro *team* de YouTube (chama, a veces siento que hablo de otra época, hace mil años, pero ha pasado mucho en tan poco tiempo que parezco la tía de YouTube, y en realidad soy muy jovencita). Los de Dosogas tenían una casa, la Jose y yo íbamos a pasar el rato, y como el *team* grababa su vida diaria, yo también aparecía en los videos, que se hacían virales, casual, sin planearlo. Era muy chévere, la verdad, porque no vas con la intención de hacerte rica y famosa con videos e historias, pero si sucede, qué bueno, una es diva delante y detrás de las cámaras. Un poco antes de eso, mi primera colaboración en México fue con Rayito, pero fue un poco extraña, porque me invitó a grabar y no nos conocíamos muy bien; esa es la otra parte de grabar con alguien más si estás recién llegada a una ciudad. El video salió chévere, aunque si hubiésemos sido más amigos, hubiera salido mejor, pero al final son experiencias que quedan como recuerdos.

Como sabes, he estado alejada de los creadores de mi país por un asunto de afinidad, pero eso no significa que no haya *youtubers* a los que siga desde siempre y me guste su trabajo. Con Mariale tuve una colaboración muy chévere. Yo fui a Los Ángeles cuando aún vivía en Miami y estaba muy emocionada porque Mariale era la *youtuber* número uno de Venezuela y yo me moría por conocerla. Le escribí, quedamos de vernos y a la mera hora se le hizo muy raro que yo fuera tan tímida, jajaja, porque claro, lejos de mi papel de diva, le costó un poco reconocerme, a lo mejor esperaba que Pedro le gritara "chamaaaa", y no, lo que vio fue a una persona normal, un poco tímido que solo hablaba si le preguntaban cosas, jajaja, una no puede ser escandalosa siempre. Ese igual es un detalle que sucede fuera de cámaras, cuando no conoces muy bien a la persona con la que grabas, esperan algo y de repente ven a la persona real; pero está bien, también venimos al mundo a ser actrices delante de las cámaras y gente normal detrás. Mariale y yo grabamos dos videos, uno para su canal y otro para el mío. Al final, las cosas se dieron muy bien y de buena onda, ella ya estaba triunfando y yo veía su trabajo, que no estaba peleado con su naturalidad y frescura en el trato.

Chama, yo sé que muchas me están leyendo porque les gusta el chismecito y esperan que diga cosas reveladoras de otros *youtubers*... está bien, hablaré. Hasta este punto, tuve una colaboración importante y fue con Kimberly Loaiza, pero no sucedió de la nada, este momento tiene su origen. Ella veía mis videos y estaba muy al pendiente de mí, entonces Juan de Dios me escribió para invitarme a su casa en Tijuana y hacer la colaboración, casual. Nos invitaron a mí y a la Jose a pasar un par de días y grabar con ellos. Eso nos cayó muy chévere, porque estábamos recién llegando a México y apenas conocíamos otros lugares y a más creadores, y para ese entonces, que fue hace varios años; Kimberly estaba comenzando en YouTube, yo ya llevaba años pero me gustaba lo que ella hacia en internet. Ahora estamos un poco distanciadas pero recuerdo esa época con mucho cariño.

Con esta colaboración abrí mucho los ojos, me di cuenta de cómo se organizan otros *youtubers*. Con ellos vi que saben todo de la industria, desde cómo grabar hasta el impacto que puede tener una de sus publicaciones. La Jose y yo dijimos: "Dios mío, una gente organizada, hasta con calendario y roles para cada uno del equipo". Era la primera vez que veía cómo un creador tenía el control, eso es muy bueno, porque desde entonces sabían que su presencia en redes era un trabajo y le dedicaban la seriedad de cualquier empresa, y yo todavía no llegaba a ese nivel de pensar en YouTube como una empresa, y mucho menos que los videos que yo grababa para pasármela chévere fueran así, pero me gustó darme cuenta de que no todos trabajamos de la misma manera, de esas diferencias se aprende. Y bueno, si esperaban que les contara un chisme mucho más profundo y escandaloso, coño, mejor síganme en todas mis redes, que aquí más bien son las memorias de una Divaza y las colaboraciones más chéveres.

En mi carrera ha pasado mucho de todo, si las cosas no salen a la primera, ya sabes qué hacer para mejorarlas en la siguiente oportunidad o no intentar meter la pata de nuevo, pero en estos años he tenido la intuición para trabajar con personas con quienes me siento cómoda. Una colaboración importante fue con Karol G. Las dos estábamos en canales distintos, ella se dedica a la música y yo soy creador de contenido, pero estar con ella fue súper lindo, porque aprendí a ver una faceta distinta de alguien a quien admiro. Chama, cuando estás enfocada en tu trabajo, surgen cosas como esta, que agradezco mucho porque me hacen aprender de la gente y de mí misma, qué tan versátil puedo ser en este medio que cambia constantemente. Y sobre eso, otro proyecto que me encantó fue cuando grabé mi *roast*. *Youtuber* que no tiene *roast*, no triunfa, porque ahí te das permiso de reírte de ti y de quienes te tiran *hate*, de hacer el *show* muy histriónico, de cantar, bailar, ponerte creativa y rebelde, de posicionarte entre quienes te quieren y te odian; en fin, al menos en mi caso la pasé muy bien. En esa ocasión yo convoqué a varias personas a trabajar conmigo, algunas de inmediato me dijeron que sí, otras que no, hubo quienes ni me respondieron. Así es esto, chama, pero el *roast* me dio la oportunidad de llevar mi carrera un nivel más arriba, pasé a hacer maxi colaboraciones, desde los eventos a los que me invitaron a partir de eso, hasta los videos con otros, porque tantas reproducciones me hicieron estar más presente en los medios. Para llegar al momento en que tú misma decides qué hacer y con quién colaborar tienen que pasar muchas cosas, algunas experiencias triunfan y te dan ese poder y otras se quedan en aprendizajes, depende de cómo lo hagas y cómo te muevas en el medio.

Ten en cuenta que no todas las colaboraciones funcionan, aunque sean con personas súper famosas y que pueden levantarte los números. Me ha sucedido, por ejemplo, grabar un video de retos extremos, al final yo no me sentí cómoda con ese contenido y no lo puse en mi canal. También tenía en contra que podían desmonetizarme, porque YouTube tiene algoritmos sensibles y si has construido una carrera durante años, tienes que pensar qué vale la pena mostrar y qué no. Chama, te voy a dar un consejo que me ha costado tiempo y esfuerzo aprender de mí misma, y es que sigas tu intuición: si sientes que algo no te complace totalmente, no te obligues a dar la cara por ese contenido, tu canal y tus redes las has construido poco a poco, como es mi caso, y a veces ni el video más polémico vale la pena como para sentirte incómoda con él. ¿Te va a gustar en cinco o diez años o solo estás ahí para ser parte de un *trend*?

Como diva no te voy a negar que he sido polémica, a algunos chismes les doy importancia, y otros los dejo solo como chismes. Estar presente en redes te da momentos increíbles y otros que si no se controlan a tiempo pueden convertirse en situaciones incómodas, principalmente en un medio tan reducido. Y si quieres chismecito contado por mí, aquí te va. Hace años tuve un medio problemita con otra pareja de *youtubers*, que no lo veo como algo tan fuerte, sino como una muestra de que un detalle tan simple como dar un no puede ser motivo de incomodidad. En los premios MTV 2017, ellos y yo estábamos nominados como "La cara más fresca". Ese premio al final lo ganó Kika Nieto, lo cual me dio mucho gusto, aunque la verdad me hubiera gustado ganar. Después, cuando ellos me invitaron a hacer una colaboración, yo no la tomé, no fue en mala onda sino simplemente no podía, pero de ahí vino el problema; no fue algo personal de mi parte, pero las burlas hacia mí sí lo fueron: desde reírse de mi deportación hasta cosas que a algunos pueden parecerles inocentes, pero rompen la armonía precisamente en eventos con otras personas. Mi situación era sensible en ese momento, con el tiempo quise arreglar la incomodidad y no sucedió; estoy consciente de que también cometí errores, dije cosas, luego me arrepentí; en fin, un *show*. Yo sé, chama, que no todos podemos ser mejores amigos, en este medio algunas relaciones son difíciles, pero esos pequeños problemas te ayudan a tener carácter y enfocarte en hacer tus cosas, aunque te moleste que otros se burlen y tú también seas parte del problema. En fin, hay colaboraciones exitosas, otras que fracasan, y si das de qué hablar tampoco estás tan perdida, la gente atiende a la polémica siempre.

En mi carrera las cosas han cambiado, me he diversificado y eso también me tiene en el gusto de los seguidores, chama, porque como he dicho, el internet tiene sus tendencias y si no le das cosas distintas a tu *fandom*, además de mantenerte fiel a lo que eres, el *fandom* se va. En mi caso no ha sido así, me he convertido en una diva versátil. Ahora que tengo un *podcast*, Radio Divaza, muestro otra faceta. No son colaboraciones convencionales, yo recibo a los invitados —muchos de ellos son gente del medio o cantantes— para platicar un buen rato y ser muy naturales. Eso igual es atractivo, chama, la plática cómoda de un *podcast* crea una conexión diferente que a mí me encanta. Ahí tuve a Danna Paola, pero ella no llegó solita porque yo se lo pidiera, la colaboración surgió de habernos conocido en el evento de Netflix, cuando Danna promocionaba *Élite*. Fue durante una cena, que luego tuvo una repercusión positiva, porque hicimos el contacto necesario para hacer algo juntas más adelante. Esta interacción funcionó a la perfección, porque ya habíamos platicado y nos caímos bien, por eso en el *podcast* se siente la química entre las dos.

Diversificarse o morir, pensar en eso me ha ayudado a estar vigente, crecer y me muevo de plataformas. Me ha ido muy bien en TikTok, donde también pasan cosas muy locas. Te cuento: ya ves que ahí todo es inmediato, de repente hay una estrella súper famosa con millones de seguidores y tarda un poco en poner los pies sobre la tierra y tener su sello característico; ese tema para mí ha sido una experiencia diferente, porque vengo de YouTube y de llevar una carrera por más de una década, viendo cómo mis números crecen poco a poco. Ahora hay casas para grabar videos de TikTok, se sabe, jajaja, para allá van algunas plataformas, pero son dos universos diferentes, se nota la manufactura entre *tiktokers* y *youtubers* y no está mal, simplemente son conceptos distintos. Yo ya lo veo con otros ojos, la desorganización que algunos tienen, yo la tuve hace diez años y la resolví sola, con mis propios medios. Ahora muchos desde el inicio tienen mánagers y gente detrás, y pienso que a nadie le viene mal una ayuda. Con esto no quiero decir que no me guste TikTok, al contrario, me encanta, me ha ido muy bien ahí, pero lo que algunos tardamos mucho tiempo en desarrollar, ahora se da de forma inmediata y tienes que estar muy atenta y adaptarte a lo que se te presente, pero hacerlo bien, chama, porque si no, el internet te va a comer viva, o peor, se va a olvidar de ti.

Como te he dicho, chama, no estoy ni a la mitad de mi carrera. He tenido muchísimas colaboraciones, unas mejores que otras, de cada una he aprendido y aún no conquisto cada cima que me gustaría. Por ejemplo, me encantaría que me volteen a ver las marcas de lujo, porque una diva aspira a eso, y ya lo están haciendo, pero quiero más, jajaja; ya irán llegando poco a poco y veré mi rostro en los espectaculares. Bueno, ya, en serio, en cuanto a las marcas, a mí me gustan la música, la tecnología y el entretenimiento, es lo que consumo, qué mejor para mí que colaborar con los mejores de esas industrias: teléfonos, cámaras, plataformas. Una siempre tiene que sentirse representada por lo que promociona, con el tiempo me he dado cuenta de eso y sé que cuando hay interés auténtico, cuando confías en ellos y ellos en tu trabajo, las cosas salen mejor.

Y esta energía funciona de forma similar en las colaboraciones. Tiene que haber química, los números de la otra persona también ayudan mucho, porque al final se trata de crecer, pero si hay propuesta y el contenido se puede hacer viral, sé que me la voy a pasar bien y me gusta la idea. Ahora, si pudiera escoger con quién grabar en este mismo instante, moriría de la emoción si la gente de Lady Gaga me llamara, chama, eso sería lo más, cumpliría mi sueño de chiquita; o Miley Cyrus, llevo años soñando con eso. En cuanto a las cantantes latinas, me encanta Rosalía, me gusta su carrera y ella está en su mejor momento, igual que yo. Los festivales son una plataforma muy buena para eso, es cuestión de esperar, por un lado, y también de trabajar muy fuerte para seguir siendo visible y necesaria.

Con las colaboraciones he conocido gente de todo tipo, he tenido experiencias increíbles y otras que, bueno, ya para qué las nombro. Pero entre tanta gente, me he acercado a mánagers, famosos, empresas dedicadas a la creación de contenido que me han hecho ver que ser creador no solo es grabar tus videos en tu cuarto, subirlos y esperar a ver qué sucede, como comenzamos muchos, sino que hay estrategias, uno se convierte en marca y en la medida que evolucionas, ves cómo funciona la industria, porque es una industria de entretenimiento, como el cine o la música: tiene pautas, chama, muy bonito y exitoso el asunto, pero se siguen estrategias para *darla* en todo el mundo. A veces tienes que soltar y delegar, permitir que otros opinen o te faciliten el trabajo, porque la carga es cada vez más fuerte y los descansos son importantes, si no los tomas revientas, a todos les pasa y es importante cuidar esa parte. En el camino también aprendes cómo conectar con tu audiencia y mantenerte fiel a tu esencia o evolucionar, presentar más y mejor contenido, pausar, retomar con fuerza. Todo eso lo he aprendido en estos más de diez años siendo una diva en las redes y a la vez una empresaria de mí misma, he aprendido por las buenas y por las malas y cada día me siento la más arrecha y empoderada.

CAPÍTULO 12

MOMENTOS RAROS E IMPACTANTES

¿Qué me gusta de ser una diva? Muchas cosas, pero lo mejor de ser la Divaza es que mi mundo funciona de otra manera, hay mucha fantasía, momentos insólitos que siempre soñé, pero ahora, viviéndolos, me resultan impactantes. Chama, hasta he estado en medio de polémicas donde no tengo que ver pero me involucran, he sido testigo de muchos periodos de las redes sociales, he visto llegar unas y extinguirse otras, me he ajustado a los nuevos tiempos y sé que me falta más por vivir, aún soy una carajita en sus veintes. Comencé a grabar videos, mi canal aumentó sus visitas y seguidores, conocí la fama y mi carrera ha estado llena de situaciones donde la única que sabe la verdad soy yo, pero es momento de compartirla, porque si no este no sería el libro de confesiones que estabas buscando. Aunque soy la que tiene la mente más abierta del mundo, sé que cada día todo evoluciona de forma mucho más rápida, hay una urgencia loca por que te vean y se hable de ti, que cualquiera hace lo que sea por *darla*.

Creo que hoy a todos les urge crecer y hacer cosas de gente grande. Como a mí me tocó eso sin que yo lo buscara y viví muy deprisa antes de tiempo, ahora lo que me gustaría es mantenerme así como estoy, en esta edad y con esta experiencia; o ser como era antes, cuando nada me preocupaba, el internet era para entretenerme, escapar de mi realidad y seguir a la gente famosa. He estado presente en todo y aun así me impactan algunas cosas. Yo no sé hasta qué punto es normal que en las redes veamos a unas niñas de menos de veinte años ya casadas, con un hijo por aquí y otro por allá, con el cuerpo operadísimo (que se ven bien, la verdad, las dejan chulas, coño, pero son carajitas que no lo necesitan, son bonitas al natural), ansiosas por la fama. Siento que nada de eso es necesario para triunfar sino lo que transmites, tu contenido y tu mensaje, tu conexión con la gente, desde lo auténtico. Yo pienso que una diva tiene más de su lado cuando es feliz y segura. Aunque una operación puede darte felicidad y seguridad, también puede hacerte sentir inconforme con lo que eres. Esto me gusta mencionarlo porque es algo que constantemente se ve en este medio, donde la apariencia determina muchas cosas, pero también te puedes empoderar con lo que eres y con lo que tienes; como te había dicho, tu seguridad es tu propia pasarela. Cada una de nosotras puede ser la mejor versión de sí misma, encontrar esa versión en el bienestar físico pero también emocional, y de este lado, como creadores de contenido, necesitamos prestar atención a nuestras emociones, al equilibrio de sentirnos bien por dentro y por fuera, porque este medio es muy salvaje y puede devorarte si no cuidas cada uno de esos aspectos.

En esta carrera he tenido desde momentos horribles, como mucho *hate*, hasta episodios bellos que agradezco al día de hoy. Tengo muy presente cómo me marcó el viaje a Israel, porque estaba chiquita, tenía muchas ilusiones y me la pasaba imaginando cómo era el mundo; me sentía muy feliz porque me habían tomado en cuenta para algo tan importante, creo que comencé mi carrera con el pie derecho, pero con las ideas bien puestas; sabía que eso era lo que deseaba, pero debía mantenerlo y trabajar muy fuerte para que más y mejores oportunidades me llegaran. Cuando en mi colegio filtraron los videos que hacía en Habbo fue un momento un poco raro, mis compañeros se burlaron de mí y a pesar de eso no me deprimí, hasta siento que me gustó que sucediera, porque me conocieron, pusieron a prueba mi resistencia y, por medio de las burlas, me hicieron fuerte. Ahora me doy cuenta de que he sido fuerte casi siempre, porque lo que pudo haberme apartado de mi sueño de ser yo misma y triunfar se convirtió en una fortaleza y me llevó a lo que soy al día de hoy. Creo que hablar de esta experiencia podría servirle a alguien que le tiene miedo a la crítica y la burla. Chama, no pasa nada: si lo tomas de quien viene, ten por seguro que en unos años a ellos les dará vergüenza haberte hecho sentir mal simplemente porque compartes lo que te gusta. Lo raro siempre será ser diferente al resto del mundo, no es fácil, pero te prometo que es increíble ser distinta y única.

Como la fama me llegó de chiquita, era una carajita menor de edad a la que ya le estaban sucediendo cosas, tengo un momento muy impactante que guardo en la memoria (y un poco en el corazón). Cuando estrenaron la película de One Direction yo fui al cine, muy casual, como una más, y hubo un caos, chama, cerraron el centro comercial en Maracay porque supieron que estaba ahí y llegó un mundo de gente. Eso fue irreal para mí, mi primer acercamiento a la fama sin que yo lo buscara, porque ni siquiera había publicado que estaría ahí. Luego comprendí cómo funciona el medio, y más en un lugar tan pequeño como mi ciudad o Caracas, a comparación de la Ciudad de México o Estados Unidos, donde puedes ser tú y difícilmente alguien va a armar un alboroto. Aquí no me molesta ni mucho menos cuando alguien se me acerca y me pide una foto, sé que eso les emociona y a mí también, soy toda amor si estoy en el *mood*, porque a veces puedo tener un muy mal día y cero ganas de hablar con alguien, pero siempre me emociona que me reconozcan y con esa petición de foto me hagan saber que mi trabajo les gusta y ocupan tiempo importante de su vida en ver mi contenido. También hay momentos que a algunas personas podrían parecerles muy locos, como una vez que estaba en un restaurante, me tomé una foto y puse la ubicación, minutos después llegó un seguidor porque la vio y quería conocerme. Es *cool*, me encanta, la verdad.

Sucede algo interesante cuando te das a notar por tus miles y millones de seguidores, y es que mucha gente saca provecho de esa situación, tanto de un lado como del otro: te toman una foto y puede ser malinterpretada, o del lado de los creadores, aprovechan su posición para tener privilegios. Honestamente, chama, yo usaría esos privilegios solo si fuera muy necesario, como para llegar a mi artista favorito en un concierto en *backstage*. No nos hagamos las locas, cualquiera lo haría, pero no para obtener cosas que con mis propios recursos podría conseguir. En este medio tendría que haber un equilibrio, muchas personas rompen esa línea y se generaliza: "los creadores de contenido son aprovechados, pesados, insoportables", y, chamaaa, es cierto en ocasiones, pero no es siempre, ni lo somos todas.

A pesar de que desde chiquita quise ser famosa y vivir el sueño que he vivido y por el que he trabajado estos años, tengo los pies en el suelo. Soy una diva consciente, sé que esto no me va a durar siempre si no me adapto a los tiempos, a las líneas por donde avanzan las redes sociales, si no creo contenido de calidad, si no invierto en mí y en mi futuro; una tiene que diversificarse y ser *vedette*. A muchos creadores nos faltan esos golpes de realidad, de entender que un día *la das* y todos quieren colaborar contigo y si no tomas las decisiones correctas tu carrera puede terminarse de un momento a otro, porque la fama también puede ser un regalo muy cruel. El hecho de que alguien llegue a preguntarme sobre momentos específicos que he compartido, más allá de mi posición como la Divaza, y de corazón se interesen por mi bienestar, mi salud o mi estado emocional me hace saber que hay una conexión entre nosotros y que mi contenido les mostró que no están solos en procesos difíciles. Eso me sucedió con Radio Divaza, que es uno de mis proyectos más recientes, donde aprendí que hay gente muy fiel que me seguirá en cada nuevo emprendimiento, y se siente muy bien, chama, te das cuenta de que todo el esfuerzo vale la pena. Yo me siento muy agradecida, chama, siempre. Cuando recibo un consejo, cuando alguien que no sabía que podía encontrar apoyo en las redes sociales para afrontar una situación personal me dice que lo halló en mi canal, en mis primeros eventos con miles de personas, porque nunca me dejaron sola y me hicieron sentir su cariño.

Por lo general, como soy muy retraída siendo Pedro, mi balanza va por el lado triste, pero esta vida me hace ser la más arrecha y feliz, no dejo que las cosas negativas me afecten al grado de pensar en abandonar la carrera, ¡ni loca! Peeero, quiero contarte algo que es una realidad entre los creadores, y es que quienes comenzamos hace diez años o más y hemos visto cómo cambian las cosas, si seguimos en YouTube es porque nos gusta esa red social y somos leales a nuestra audiencia, como la audiencia lo es con nosotras. Es verdad que a muchas nos llegó la fama por ahí, antes se ganaba más, te viralizabas y esos números se veían reflejados en monetización; ahora no tanto, a veces es más caro hacer el video y editarlo, que cobrar por eso. Situaciones así le bajan el ánimo a los creadores, a mí no, jajaja, yo me mantengo y *la doy* porque *la doy*, aunque me critiquen porque tardo mucho en subir videos. En esta carrera he aprendido mucho de Nicki Minaj: ella hizo decenas, quizá cien canciones, y una le pegó. Supongo que así es cuando te dedicas a componer, puedes *darla* durísimo con una canción que no es tu favorita pero ahí está la suerte, es lo que quiere el mercado en ese momento, y bueno, lo tomas. Con el contenido digital sucede así y es el ejemplo que sigo, por eso no me desanimo con facilidad, a veces el video que menos esperas que pegue lo hace y te vuelves la más viral de las redes. Nada sucede a la primera, hay muchos factores importantes, un mal día no define el resto de tu carrera, sino el empeño que le pones todos los días, tu versatilidad, tus ganas de ser visible y, claro, que tengas encanto con tu audiencia, sobre todo ahora que no hay nada nuevo en las redes.

Esta carrera está llena de mitos. Muchas veces la gente piensa que siendo *influencer* te vuelves millonaria de la noche a la mañana, cosa que es falsa, o al menos no ha sido mi situación. En una década he levantado el evento yo sola con muchísimo trabajo y paciencia. Es verdad que existen casos en los que te llegan millones de seguidores en muy poco tiempo, todo mundo te ve, te contratan y comienzas la carrera y el ascenso muy rápido, pero tanto en creación de contenido como en música o cine, muchos elementos tienen que alinearse para que eso suceda. Que si el milagro del TikTok y las demás redes sociales, que si a fulana la descubrieron, que si el video de otro creador se hizo viral y tú sales ahí y también te viralizas, que si el pleito y la polémica dan la nota. Casi todo es un mito y lo real más bien es la dedicación que le pones a esto, como a cualquier otro trabajo.

Yo me esfuerzo mucho para tener las cosas que quiero: mi espacio, ser dueña de mi tiempo y decidir sobre mis proyectos. Me gusta tener control sobre mi propia empresa, que soy yo, y como empresaria, han sucedido muchas cosas desde que cobré mi primer cheque, hasta el día de hoy, que he aprendido a invertir algunas ganancias en mi futuro. Como a mí nadie me enseñó, he aprendido a administrarme sobre la marcha. Hasta ahora no he tenido problemas con los impuestos, problemas graves, digo, porque una a veces descuida esa parte, pero me da miedo caer presa por un delito que no cometí, como desviación de recursos o una vaina de esas, así que ando con cuidado. Tengo muuuchas anécdotas de malos manejos de dinero, pero no son mías, son de otra gente que de repente recibió un dinero por monetizar o por una campaña y se lo gastó todo, en lugar de ahorrar la mayoría, porque, como ya he dicho, este trabajo puede ser muy bondadoso, pero también tiene sus rachas buenas de abundancia y sus rachas malas, donde nadie te contrata. Y yo, como vengo de un lugar donde siempre hizo falta el dinero, los ahorros y la cultura de la planeación (porque de lo único que se hablaba era de carencias), estoy un poco más arrecha en ese tema.

Y también tengo anécdotas de pleitos, jajaja, ya te dije que la polémica puede ser lo mío de vez en cuando. Los pleitos *la dan*, chama, hasta son chéveres. Yo no soy peleonera, pero ponen palabras en mi boca, y así se arman los chismes. O tengo que estar borracha, que ha sucedido. Así nací, la Divaza nació como borracha y a veces tiene esa actitud, de fiesta, gritos, reclamos, pero nunca con la intención de hacerle mal a alguien, solo de pasársela bien. Bueno, ya en confianza, cuando creé a la Divaza, necesitaba valor para sacar mi verdadero yo a través de mi personaje, así, carajita de trece, me tomaba dos *shots* de vodka de una botella de mi mamá y entraba en mi papel. Y bueno, tú sabes que ya relajada y medio borracha una es sincera, después la sinceridad se queda como parte de tu personalidad. No me gusta meterme en problemas, dejo que pasen y pierdan relevancia. Tuve un momento impactante, porque trascendió, y tiene que ver con grabar videos. Hay muchas colaboraciones que han salido mal porque algo o todo falla, puede ser la organización, que los tiempos no coincidan, que estés de malas y eso se note y la gente haga un alboroto, o hablar de más, chama, que eso es súper común, porque si alguien te pide una opinión de un alboroto que esté sucediendo entre otra gente, cualquier cosa que digas te puede hacer quedar mal con todo mundo. Me pasó con alguien muy famoso, lo conocí cuando él tenía un *trend* viral y a mí me daba nervios hablar con él, porque ya sabía quién era. En una casa con *tiktokers* grabamos algo juntos y después él comenzó su carrera musical, luego en Radio Divaza la Jose y yo dijimos unas cuantas cosas y después peleamos horrible con este creador, como suele pasar en la vida real, pero todo se hace más grande cuando estás expuesto ante millones de personas. Nada de esto pasa de unos cuantos chismes de ocasión, al final, los seguidores buscan eso y los creadores se los damos, el chiste es no engancharse, porque después va a ser incómodo en cada evento donde tengas que encontrarte a los susodichos.

Y aquí viene un momento impactante de mi carrera, que puede generar opiniones de todo tipo y ya quiero saber si trascenderé por eso o pasaré al olvido. Como te he contado, cada nuevo proyecto ha sido una conquista de algo que anhelaba de chiquita, y siendo carajita amaba ver los *reality*, era fan, crecí viendo MTV. Cuando me nominaron a los premios por primera vez, fui la más feliz del mundo, y años después, con la invitación a ser parte de un *reality* producido por el canal, mi felicidad no conocía límites, solo puedo decir que ha sido una de las cosas más grandes que he hecho en mi carrera. Al principio tenía demasiado miedo por el tamaño del proyecto, por cómo me iba a involucrar en esto y que siempre algo así lo haces casi a ciegas, confiando en que te irá bien, aunque pueden salir todos tus demonios.

Mi aparición en esta aventura comenzó como un secreto. Mis seguidores vieron en mis redes sociales que yo me había ido a una isla, pero no les dije a cuál ni a qué, lo manejé como un retiro, porque en realidad también fue eso, así que mentira no era. Este *reality* tiene que ver con el amor, que como ya sabes, es parte esencial de mí: conjugación de amor, fama, intriga, una isla paradisiaca, ¡la emoción! Ya estando a nada de irme a la isla, me preguntaba cómo iba a resistir un mes sin internet, en las condiciones que ellos me dieran, sin mis redes sociales, obviamente, porque cayó justo cuando yo le estaba echando más ganas a mi canal de YouTube para tener más contenido. Era muy chistoso, porque si bien cada *reality* tiene sus propios lineamientos y hay una estructura que debes seguir, en este todo era tan real, chama, al grado de que nos guiábamos por la posición del sol para saber la hora, porque solo podíamos verla en el micro y nos lo apagaron; también debías dormir donde te dijeran y comer lo que te dieran, cero comodidades; cosas de este tipo, son muy locas pero divertidas.

En el *reality* te llevan a una isla donde eres tú y estás con otros nueve solteros. En mi caso fue muy curioso, porque es un programa heteronormado, entonces no había diversidad, la diversa era yo, chama. Hasta ahí no hubo problema, pero luego vino lo más interesante, que fue confrontarnos con personas de nuestro pasado, y eso fue bonito porque uno decide si ceder a los recuerdos o darle un cierre a una etapa sentimental que fue importante. Algo que fue muy impactante para mí fue ver el nivel de producción tan grande, una no esperaría menos de MTV, que de toda la vida hace las cosas con los estándares más altos, y yo ya era parte de ese universo. Todo eso, cámaras, lanchas, yates, *staff*, treinta días viendo el nivel de profesionalismo y sin que yo tuviera control absolutamente de nada, simplemente dejándome llevar por lo que sucediera en el *reality*. Por eso digo que fue una de las experiencias más grandes que he vivido.

Ese mes completo también lo vi como un *detox* de redes, del medio, de los números y el trabajo; cada día era una aventura diferente, donde no podía controlar absolutamente nada, ni la narrativa del programa y mucho menos cómo pudieran percibirme los demás, yo simplemente me dejé llevar y di todo de mí para disfrutar al máximo. Pude pensar en mí, en mis cosas y volver al mundo real siendo otra, con las pilas recargadas y una visión mucho más madura. Te comparto esto porque a veces pensamos que la vida de un *influencer* es muy superficial: moda, lujo, fama, viajes; es lo que nosotros mostramos, porque así nos gusta que nos perciban, como personas exitosas, pero en medio de situaciones tan superficiales encontramos nuestra verdadera esencia. Yo encontré la mía siendo la Divaza, la hallé en una isla lejos de los lujos, grabando un programa de una cadena importante, sí, eso es innegable, pero sola, con desconocidos, mirando el mar y preguntándome si estoy en el sitio correcto, haciendo las cosas que me hacen sentir feliz.

Mis momentos más impactantes no son los pleitos, los miles de seguidores en un centro comercial, ni las nominaciones, sino cuando me reconozco vulnerable y soñadora, más real que nunca y más fuerte de lo que me imaginé que podría ser.

CAPÍTULO 13

EL BRILLO DE UNA DIVA ES PARA SIEMPRE

Divaza, ¿cómo te ves en el futuro? Divaza, ¿qué crees que te preparan los astros? Divaza, ¿qué pasará contigo en unos años? ¿Dónde vivirás, con quién, qué harás? Es normal que me pregunten esto, principalmente ahora que este libro llega a su recta final. Chama, ¿sí o no ha sido una montaña rusa de emociones? Desde conocer la historia de mi infancia y adolescencia como Pedro, hasta desmentir mitos en torno a mí, que es lógico que inventen, porque a veces el brillo de una diva es tan fuerte que puede incomodarlos. Pero es momento de hablar de los planes a largo plazo, aunque a veces ni siquiera sé qué haré la semana siguiente, qué planes pondré en práctica o si me dejaré sorprender por el destino (ay, mentira, la mayoría de las cosas importantes suceden porque hay un plan).

De lo que sí estoy segura es de que para mí hay un futuro muy prometedor. La Divaza es como una Barbie. Siento que en no mucho tiempo puedo ser como Kim Kardashian, con línea de *skin care*, maquillaje, una fortuna como emprendedora, porque me encanta ese negocio y podría sacarle provecho en muchos sentidos. Me he dado cuenta de que ser así de productiva te da vida, es cansado, exige montones de energía, tiempo de organización, (ya sabes, mundo empresarial), pero ¿qué no empecé mi sueño desde cero y lo cumplí?, esto podría surgir así. Y habiendo tenido problemas en la piel, asunto que quedó superado hace tiempo gracias a los cuidados necesarios, sé de primera mano qué se necesita para ser bella. Tengo ideas, entusiasmo, credibilidad y experiencia en belleza.

En mí también habita una parte mucho más histriónica. No solo me refiero a que me gusta el drama, sino que obviamente tengo talento para encarnar otras historias, crecí influida por muchas y tener la posibilidad de ser alguien más es interesante. Me encanta actuar, en realidad, la Divaza surge mucho de mi lado artístico porque es una actuación permanente; ahora, siguiendo un guion y dirección, meterme en la piel de otro sería un cambio total. Chama, por otro lado, el canto también me gusta, pero es más sacrificado porque hay que dedicarle muchísimo, tanto tiempo como atención y todos tus sentidos. El canto exige demasiado, desde el estudio básico y las horas vocalizando. Si tienes talento pero estás comenzando, hay que pulirlo. También debes rodearte de la gente correcta para hacer algo que valga la pena, y a todo eso sumarle suerte. Para mí no es imposible, pero en estos momentos lo veo complicado. Pienso en mis ídolas, Selena Gomez, Miley Cyrus y Demi Lovato, que de repente cantan y de repente actúan, y todo lo hacen bien porque son talentosas y ya tienen una industria sólida que las respal da, aunque nada de eso surgió así porque sí: le dedicaron mucho esfuerzo, dejaron de lado otras cosas importantes para enfocarse, y una vez que despuntaron, pudieron experimentar con todo lo que les gustaba, como ser empresarias y *coach* de programas súper exitosos, además de *romperla* con líneas de maquillaje y moda.

A veces tengo la sensación de que el tiempo vuela, ¿te pasa, chama?, que sientes que estás en un proyecto padrísimo y haciendo algo que ya habías planeado desde hace mucho con un amigo, y de repente estás en otra cosa. La vida es demasiado corta para sentarte a razonar todo a profundidad, a veces es más sencillo lanzarse a la aventura y ver qué sucederá. Me encantaría actuar en televisión y cine, crear más contenido para mi canal, colaborar con gente a la que admiro, hacerlo con nuevos talentos, estar más cerca de mis seguidores; comerme el mundo, en pocas palabras, porque una viene a darlo todo, jamás algo a medias. Hay que saber aprovechar el momento, y mi consejo es que si ves que algo funciona, analiza por qué, si te llama la atención de verdad o solo es una moda; estúdialo, ve tus posibilidades ahí, y mientras lo haces, no pierdas el entusiasmo, para que cuando pruebes entiendas todo tu potencial, (si lo hay, porque si no, no pasa nada, las opciones creativas siempre sobran).

Aunque cada vez llega con menos frecuencia a mi mente la idea de cómo hubiera sido una Divaza universitaria, estudiar una carrera no está dentro de mis planes por ahora, porque ya he hecho muchas cosas de acuerdo con mis intereses y de forma autodidacta, pero sí me gustaría tener otro *hobby*, solo para conocer cosas diferentes a lo que hago. Crear contenido digital me encanta, lo amo, es mi sueño hecho realidad y no tengo problemas con eso, aunque si hago actividades diferentes podría nutrirlo y ver qué pasa. Marketing o Comunicación, de una forma u otra estoy metidísima en ello desde mi canal. Ahorita están de moda las experiencias colaborativas entre varios *influencers* que se van a vivir a la misma casa, ¡qué miedo!, pudiera ser una posibilidad, a ver qué sale, pero bien hecha y planeada, sin que haya tantos egos de por medio (lo cual podría ser imposible, porque nos conocemos; ninguna se va a dejar opacar), poniendo como prioridad el interés por el proyecto que a todos podría beneficiarnos.

Me adelanté un poco al tiempo que me tocaba vivir, porque desde chica fui muy fantasiosa y vivía soñando qué quería de mi futuro, pero no me esperé demasiado para poner manos a la obra y materializarlos uno a uno, siendo todavía muy joven. De ahí en adelante he ido conquistándolos, desde poseer un dispositivo para crear videos y mi primera cámara, visitar un país diferente al mío, hasta tener un millón y luego diez millones de seguidores o hacer un *podcast*. Esto, objetivamente, alimenta el ego, no hay motivo para negarlo, pero en mi caso cada logro me ha llevado al siguiente y me ha motivado a salir de las adversidades. Mi meta no está en los diez millones, sino en veinte, treinta, los que sigan, y fortalecer este sueño que vivo día a día desde hace mucho.

Me faltan muchas cosas y a la vez ya cumplí la mayoría, pero el ser humano cambia siempre y quiere más. También me gustaría hacer un *reality* para ser una total Kardashian, uno en el que sea 100% yo dando la cara a situaciones incómodas y divertidas. Cada vez que me sumo a un proyecto o creo uno desde cero, le pongo muchísima pasión y entusiasmo; al final, eso se ve reflejado, porque no hay nada tan auténtico como lo que sale de una, sus inquietudes y gustos. Aspiro a hacer alguna colaboración con una de mis ídolas, como Lady Gaga, que representa lo que me motivó desde pequeña y siento que tenemos espíritus muy afines. Lo mismo para conducir una gala de Grammys, Óscares o Miss Universo, porque así comenzó mi canal, de esa manera me conocieron muchas personas y estoy segura de que apenas quede resuelta mi situación de la visa gringa, Hollywood no se cansará de mí.

Nunca he pensado que los sueños son demasiado grandes, jamás, siempre me vi cumpliéndolos y en un lugar feliz, como donde estoy ahora. Así me visualicé, y sucedió porque le puse todo el empeño posible: me aferré a lo que deseaba, me preparé, hice sacrificios, aprendí a valerme por mí misma y a rodearme de personas que me han dado muchísimo amor y apoyo. Este camino ha sido de crecimiento, de golpes, de desencantos, pero sobre todo de resiliencia, para continuar sin dejar de ser yo y sin olvidarme de qué era aquello a lo que aspiraba delante de mi computadora en la habitación de casa de mis padres, en Venezuela.

Si veo hacia atrás, desde 2017 que llegué a México hasta el día de hoy, me sorprendo de todo lo que me ha sucedido, cómo procuré salir adelante solo y a la vez con el apoyo de gente bondadosa; con menos de veinticinco años me encuentro justo donde quiero y soy feliz. No deseo ni puedo olvidar al niño que fui, porque por él estoy aquí, ese Pedro que creó a la Divaza y se sintió acompañado, feliz y completo con las ocurrencias, sueños y alegrías de una diva.

Confesiones de una Diva de La Divaza
se terminó de imprimir en junio de 2023
en los talleres de
Impresora Tauro, S.A. de C.V.
Av. Año de Juárez 343, col. Granjas San Antonio,
Ciudad de México